Gabriel Palacios

Lass sie doch reden!

Wie dir egal wird, was andere von dir denken

allegria

Allegria ist ein Verlag der Ullstein Buchverlage GmbH

ISBN: 978-3-7934-2426-0

© 2021 by Ullstein Buchverlage GmbH, Berlin
Umschlaggestaltung: Simone Mellar, zero-media.net, München
Coverfoto © Hans Scherhaufer
Satz: LVD GmbH, Berlin
Gesetzt Goudy Old Style
Druck und Bindearbeiten: CPI Books GmbH, Leck
Printed in Germany

Inhaltsverzeichnis

Das Grundprinzip
der Ausgrenzung

Ausgrenzung scheint ein evolutionsbedingtes Verhalten zu sein. Das heißt, das Problem ist wohl eher ein der Evolution zugrunde liegendes Denkmuster. Noch heute haben wir Menschen das Bild des Affen in uns, der nur dafür zu agieren scheint, von der Horde anerkannt zu sein. Dieses Bild gibt uns die Sicherheit, nicht ausgegrenzt zu werden.

Tatsächlich war Ausgrenzung vor Tausenden von Jahren ein klares Todesurteil. So gut wie jedes Tier ist, wenn es auf sich allein gestellt ist, angreifbarer als in der Gruppe. Egal, ob Gazelle, Affe oder Elefant. Jedes Tier hat natürliche Feinde, und wer aus der Herde, aus dem Schwarm oder aus der Horde ausgeschlossen wird, ist leichte Beute für seine natürlichen Feinde.

Dieser Mechanismus funktioniert selbst heute - Tausende Jahre später - noch immer brillant. Der Mensch will um keinen Preis negativ auffallen. Das könnte nämlich zur Folge haben, dass er aus der Horde ausgeschlossen wird und dann leichte Beute ist.

Dies zumindest denkt das *emotionale Hirn* des Menschen. Der Mensch hat jedoch auch einen vernünftigen Part in sich: das *rationale Hirn*.

Die Schwierigkeit liegt darin, dass sich das emotionale Hirn nicht so einfach von der Ratio überzeugen lässt. Das emotionale Hirn denkt komplett anders als das rationale Hirn. Es kann das rationale meist gar nicht verstehen. Das rationale Hirn wiederum kann das emotionale genauso wenig verstehen. Das rationale Hirn sagt: »Reg dich doch nicht so auf! Du lebst in so sicheren Strukturen! Du wirst immer irgendwo Anschluss finden, und außerdem hast du in unseren zivilisierten Staaten ein soziales Konzept, das dich auffangen wird, solltest du an deinem Existenzminimum leben. Außerdem lebst du nicht mehr unter der Gefahr, von einem feindlichen Raubtier angegriffen zu werden. Du bist in Sicherheit!«

Dies beeindruckt das emotionale Hirn nicht. Es versteht diesen Blickwinkel meist nicht einmal. Der Grund dafür ist: Das emotionale Hirn befindet sich im Schmerz. Es hat weniger Angst davor, nicht überleben zu können, sondern mehr vor dem emotionalen Schmerz. Das rationale Hirn hingegen versteht nicht, weshalb sich das emotionale Hirn vor etwas ängstigt, das noch gar nicht eingetreten ist, sondern auf reiner Mutmaßung beruht, nämlich jener, dass jemand schlecht über einen denken könnte.

Wie nur können wir diese beiden wertvollen Teile miteinander ins Gespräch bringen?

Wie schaffen wir es, dass sich das emotionale Hirn nicht permanent betroffen und ängstlich fühlt? Und wie gelingt es uns, dass wir in den richtigen Momenten nicht nur in der Ratio sind, sondern auch unserem Gefühl - beispielsweise dem Bauchgefühl - folgen können?

Ich beschäftige mich seit eh und je mit dem Unterbewusstsein. Ich glaube zu verstehen, wie es tickt, mit welchen Techniken wir immer wieder ins Bewusstsein gelangen und mit welchen Methoden wir das Unterbewusste positiv programmieren oder es zumindest besänftigen können.

Als Hypnosetherapie-Experte habe ich bereits Tausende von Klienten therapiert. Das klingt nach sehr vielen. Doch es ist einfach nachzuvollziehen: Zu Spitzenzeiten therapierte ich zehn Klienten am Tag. Vier Klienten am Vormittag und sechs Klienten am Nachmittag. In zehn Tagen waren das bereits 100 Klienten. Mehr als acht Jahre lang therapierte ich sehr intensiv und bildete zugleich qualifizierte Hypnosetherapeutinnen und -therapeuten mit Zertifikaten für mehrere Verbände aus.

Was ich dir in diesem Buch mitgeben möchte, ist mein Wissen. Mein Wissen komprimiert auf die kleinsten Einheiten, die wir alle verstehen können. Denn wenn ich mit Klientinnen und Klienten arbeite, sind die gedanklichen Konstrukte derart komplex, dass ich sie selbst zwar verinnerliche, ich aber ganze Seminarreihen führen müsste, um anderen Menschen alle Einzelheiten bis ins kleinste Detail erklären zu können. Zudem war und bin ich während jeder Sitzung tief mit meinen Klientinnen und Klienten verbunden – ich denke mit, ich fühle mit, und ich verstehe, was ihnen fehlt. In diesen Momenten zählt jeweils nur die Klientin oder der Klient.

Genauso ist es jetzt mit dir: Ich widme meine Zeit nun vollkommen dir, und ich will dich mitnehmen in die Tiefen deines Unterbewusstseins. Ich will dir erklären, wie dein Unterbewusstsein funktioniert und wie du es positiv beeinflussen kannst. Und vor allem: Ich will dir zeigen, wie du dir selbst helfen kannst!

Auch die Hypnosetherapie ist eine komplementärmedizinische Methode. Das heißt, sie soll die Schulmedizin wie auch die Psychotherapie in keiner Weise ersetzen, sondern lediglich komplementieren, also ergänzen. Auch die Schulmedizin stößt an ihre Grenzen, ebenso die Psychotherapie und die Arbeit mit dem Unterbewusstsein. Die Kunst liegt darin, alle Disziplinen miteinander zu einem interdisziplinären Verfahren zu kombinieren. Du solltest weder die Schulmedizin vernachlässigen noch die Psychotherapie. Hast du Schmerzen, ein körperliches oder organisches Problem, dann lasse sie schulmedizinisch abklären.

In diesem Buch möchte ich dir Wissen im Hinblick auf das Thema, was andere von einem denken, vermitteln. Dabei werde ich die bewusste Ebene aus der therapeutischen Gesprächsführung heraus ebenso wie die unbewusste Ebene bedienen. Ich will, dass dir dieses Buch einen Mehrwert bietet. Dass du das Wissen aus diesem Buch zukünftig anwenden kannst. An dir selbst – und vielleicht sogar an anderen. An deinen Kindern, deinem Partner oder in deinem Arbeitsteam.

Das Thema wird zunehmend wichtiger. Die Globalisierung schreitet voran. Die Welt wird gefühlt immer »kleiner«. Das heißt, heutzutage kann deine Nachbarin mit ihrem beruflich in den USA verweilenden Mann per Videocall ihrer Wut ihm gegenüber freien Lauf lassen. Und diese Wut kommt dann, wenn auch nicht energetisch ganz zu 100 Prozent, binnen Bruchteilen einer Sekunde Tausende von Kilometern weit entfernt an. Vor ein paar hundert Jahren hätte man sich dafür auf eine lange Reise begeben müssen. Schon während der Reise wäre die Wut so weit abgeklungen, dass man bei der Ankunft in den USA gar nicht mehr negativ von dieser Person reden würde. Schließlich hätte man bereits auf der Reise eine intensive Eigentherapie durchgemacht.

Das zeigt, wie viel schnelllebiger die heutige Welt im Vergleich von Hunderten von Jahren ist. Diese schnelllebige Welt hat nicht nur Nachteile, aber einer ist, dass wir gelassener damit umgehen müssen, was andere Menschen von uns denken, über uns reden und über uns urteilen.

Ich beende meinen einführenden Text mit einem Satz, der mir einmal morgens beim Aufwachen einfiel: *Sei froh, dass schlechte Menschen schlecht von dir reden – denn sie kommunizieren damit stellvertretend für dich, dass du nicht zu ihnen gehörst.*

Die drei Grundängste
des Menschen

Das menschliche Gehirn besteht aus drei Gehirn-Typen.

1. Das Reptilienhirn:

Dieses ist viele Millionen Jahre alt. Es ist unser Überlebens-Hirn. Unser ältestes Gehirn. Ohne das Reptilienhirn hätte die Menschheit ihre Anfangszeit nicht überlebt. Das Reptilienhirn entwickelt beim Denken überlebensnotwendige Mechanismen: Angriff, Flucht, Resignation (Schockstarre). Immer dann, wenn unser Reptilienhirn besonders angeregt ist, spüren wir das: Unser Herz schlägt schneller. Das Blut schießt in die Beine, damit wir schneller laufen könnten. Das Blut schießt in die Arme, damit wir besser klettern und kämpfen könnten. Die Arme fühlen sich weich an. So auch die Knie.

2. Das Vorwarn-System des Reptiliengehirns:

Das ist – sozusagen als Vorzimmer unseres ältesten Gehirns – das limbische System. Darunter ist eine Anordnung vorwiegend emotional gelenkter Hirngebiete zu verstehen.

Das limbische System verwaltet auch das Gefühl der Angst. Es versucht, viele Ängste abzufangen und gleichzeitig den Chef – das

Reptilienhirn – rechtzeitig über gewisse Ängste zu informieren, damit dieser die Alarmstufe Rot ausrufen kann. Das limbische System hat im Laufe der Jahrtausende gelernt, dass es sicherer ist, aus dem Affekt – sprich: aus dem Gefühl – heraus zu handeln, statt zu viel nachzudenken. Es ist sicherer, einmal zu viel wegzulaufen oder zur Seite zu springen, als einmal zu wenig. Manchmal reicht die Zeit einfach nicht aus, um das Geschehen zu analysieren. Hat es also zur Steinzeit im Gebüsch geraschelt, dann hat der Mensch überlebt, wenn er dem emotional gelenkten Drang des limbischen Systems folgte und die Flucht ergriff, statt stehen zu bleiben und darüber nachzudenken, was das wohl sein könnte, was da im Gebüsch raschelt. Denn dies wäre dann die Aufgabe der

3. Großhirnrinde:
Diese ist das jüngste Gehirn, auch *Verstand* genannt.

In Momenten, in denen unser Gehirn überreizt wird, hat es sich offenkundig bewährt, einmal zu viel der Angst zu folgen, als einmal zu wenig. Denn diejenigen, die der Angst gefolgt sind, waren länger am Leben und konnten sich länger vermehren als diejenigen, die in der Großhirnrinde geblieben sind und erst mal herausfinden wollten, was denn da so im Gebüsch raschelt.

Jedes dieser drei Gehirne hat seine Aufgabe:

1. Der Chef
Das Überlebenshirn – das Reptilienhirn: Will überleben.
Will alle Bedrohungen in Schach halten oder beseitigen.

14

2. Das Vorzimmer

Das emotionale und auch Angst-Hirn – das limbische System: Will auf Nummer sicher gehen.

Folgt der Angst – es ist seine Pflicht, den Chef über die Bedrohungen zu informieren.

3. Die Innovativen

Die Ratio – die Großhirnrinde: Will verstehen und wachsen. Sieht keine Bedrohung, sondern Potenziale, wo andere panisch werden.

Was vielen jetzt nicht sofort bewusst ist, ist die Machtaufteilung:

- Der Chef hat vermeintlich die größte Macht in diesem Gefüge. Im Extremfall ist es natürlich so, dass der Chef – aufgrund seiner Position – kurzfristig die einschneidendste Entscheidung fällt, die dann Konsequenzen für alle hat.
- Viele unterschätzen jedoch die Macht des Vorzimmers. Wer schon einmal mit Geschäftsführern zu tun hatte, der weiß, dass diese meist die Entscheidungen treffen, die ihnen aus dem Vorzimmer heraus empfohlen werden. Der Chef steht unter starkem Einfluss seines Vorzimmers. Die Vorzimmer fangen ja schließlich auch alle Einflüsse der Außenwelt ab. Der Chef weiß häufig nicht, was sich draußen abspielt – er schwelgt immer noch in seiner Vergangenheit, die viele Millionen Jahre alt ist. Und er ist immer noch stolz darauf, dass er vor einer Million Jahren überlebt hat. In seinem Chefzimmer geht er seiner Lieblingsbeschäftigung nach, seine Trophäen und Auszeichnungen zu betrachten, die ihn daran erinnern, wie oft er überlebt hat, und das zu analysieren.

Umso wichtiger ist es, dass er sich auf seine rechte Hand – das Vorzimmer – verlassen kann.

Das Vorzimmer hat also sehr viel Macht. Viele sagen sogar, das Vorzimmer habe die größte Macht. Denn es ist innerhalb systemrelevanter Entscheidungen sehr dominant. Das Vorzimmer hat die Macht, wenn es um mittelfristige Entscheidungen geht. Es kann sehr vieles selbst managen, blockt viele Dinge ab und kann den Chef zu maßgebenden Entscheidungen bewegen.

- Die innovativen Mitarbeiter – die Ratio – sind wichtig, damit die Lebensdauer der Firma möglichst lang ist. Die Innovativen haben somit einen langfristigen Einfluss. Die Ratio – die Großhirnrinde – haben das Penicillin entdeckt, haben Therapien entwickelt und Technologien entworfen, welche die Lebensdauer der Firma verlängern. Und doch braucht die Innovationsabteilung immer auch das Einverständnis vom Chef. Letztendlich brauchen sie die finanziellen Mittel und auch die Erlaubnis, Forschung zu betreiben. Die Innovativen haben jedoch keinen direkten Zugang zum Chef. Sie müssen ihre Anfragen und Vorschläge über das Vorzimmer an den Chef bringen. Allerdings sprechen Innovation und Vorzimmer unterschiedliche Sprachen. Meist hat das Vorzimmer keine Zeit für all die Bitten der Innovationsabteilung, weil es mit zahllosen Problemen beschäftigt ist: beispielsweise mit den drei Problemen, die immer wieder ins Vorzimmer getragen werden: den drei Ängsten.

Das Vorzimmer versucht, diese drei Ängste selbst zu behandeln, ohne den Chef damit zu belasten. In vielen Fällen kann aber auch das Vorzimmer nicht mehr viel tun und muss die Bedrohung dem Chef weiterleiten.

Die folgenden drei schlimmsten Bedrohungen sind die drei Grundängste des Vorzimmers:

1. Die Angst, keine Kontrolle zu haben

Immer wieder klopft die Angst, keine Kontrolle zu haben, an die Tür des Vorzimmers. Diese Angst macht dem Vorzimmer zu schaffen. Es versucht, jederzeit alles im Griff zu haben, aber es ist doch nicht immer ganz so einfach.

2. Die Angst, nicht zu genügen

Bekommt das Vorzimmer nicht genügend Wertschätzung, fürchtet es, nicht gut genug zu arbeiten, weniger Lohn und weniger Liebe zu bekommen.

3. Die Angst, allein zu sein

Das Vorzimmer braucht den Chef. Es braucht den Betrieb. Und es will nicht schuld daran sein, wenn die Geschäfte nicht mehr laufen. Es hat Angst davor, dass ihm gekündigt wird, dass es keine Aufgabe mehr hat. Ausgegrenzt zu werden, wäre wie sein Ende.

Eine schwierige Situation tritt ein, wenn sich diese drei Grundängste gegenseitig verstärken.

So hört beispielsweise die Person aus dem Vorzimmer vom Nachbarn, jemand habe schlecht über sie geredet. Hinzu kommt die Angst, keine Kontrolle zu haben, denn das Vorzimmer merkt, dass es nicht kontrollieren kann, was man über es spricht. Das beschäftigt das Vorzimmer so sehr, dass in ihm die Angst aufkommt, diesen Menschen, die schlecht vom Vorzimmer reden, nicht zu genügen. Wenn das Gerede bis zum Chef durchdringt, wirkt sich das nachteilig aus. Das Vorzimmer erinnert sich schmerzhaft an Momente, in denen es allein und ohne soziale Kontakte war. Oder an Momente, in denen es in der Schule gemobbt wurde. Es erinnert sich an dieses schlimme Gefühl. Das Gefühl, ausgegrenzt zu werden und allein zu sein. Allein ist man nicht so stark wie in der Gemeinschaft.

Was ist die Lösung des Vorzimmers?

Es ändert sein Verhalten. Es versucht, nach außen hin etwas anderes darzustellen, als es eigentlich ist. Es versucht, sich so zu verhalten, dass möglichst viele gut von ihm reden. Denn das Schlimmste, was ihm widerfahren könnte, wäre es, ausgegrenzt zu werden.

Das weiß jedes Herden- oder Hordentier: Wer aus der Herde oder Horde ausgeschlossen wird, ist leichte Beute für alle Raubtiere und andere Feinde. Neben anderen Primaten wie Gorillas, Orang-Utans und Schimpansen gehören auch wir Menschen zu den Menschenaffen, sind also folglich Hordentiere. In der Horde waren wir immer sicherer und haben überlebt. Also dürfen wir keinesfalls ausgegrenzt werden.

Somit ist es die Aufgabe des Vorzimmers, dafür zu sorgen, dass man definitiv nicht ausgegrenzt wird. Das wiederum hat zur Voraussetzung, dass möglichst viele gut von einem reden.

Denn nur, wenn man sich gegenseitig schlecht macht, besteht die Gefahr der Ausgrenzung. Oder dann, wenn man Dummheiten begeht.

Nur mit dem Gefühl, es wird nichts Schlechtes über uns erzählt, können wir das Gefühl ausprägen, anderen zu genügen. Nur so können wir das Gefühl ausprägen, Kontrolle darüber zu haben, was andere über uns sagen dürfen (und können) und was nicht.

Bemühen wir uns also darum, dass alle gut von uns reden, dann haben wir das Gefühl, Kontrolle darüber zu haben (und keine Angst vor fehlender Kontrolle), was andere von uns sagen und ob uns andere mögen, und wir haben somit keine Angst, nicht zu genügen. Dies wiederum lindert die Angst, allein zu sein, weil ja keine potenzielle Ausgrenzung droht. Ergo: Wir überleben! Dieses Denken ist uralt. Tausende von Jahre alt und doch immer noch so aktuell.

Doch weshalb?

Weil auch wir Säugetiere sind, die in erster Linie überleben wollen. Und immer noch ist da dieses uralte Denkmuster, dass unsere Überlebenswahrscheinlichkeit am größten ist, wenn wir nicht ausgegrenzt werden. Also müssen wir möglichst beliebt sein. Am besten so beliebt, dass wir als Alphatier anerkannt werden und das Rudel, die Herde oder die Horde sogar lenken und uns damit selbst verwirklichen können.

Sorgen wir also dafür, dass möglichst niemand schlecht von uns redet, dann können wir zu hoher Wahrscheinlichkeit lange überleben. Doch wie das Wort »überleben« schon impliziert, sind wir dann nicht *im* Leben, sondern *über* dem Leben. Denn während du deine wertvolle Lebenszeit verwendest, um zu überleben, sind wir anderen mitten im Leben. Während du überlebst, hast du vielleicht nie gelebt. Deshalb will ich dir zeigen, wie du wieder lebst. Aber dafür musst du dir die tiefe Gelassenheit verinnerlichen: Lass sie doch reden!

19

Chemie

Aus dem Chemieunterricht wirst du noch das Periodensystem kennen. Wasserstoff, Sauerstoff, Radon und alle anderen chemischen Elemente sind dort in einer Tabelle zusammengefasst. Jedes dieser Elemente hat einen Sinn und eine Wirksamkeit. Aber nicht jedes dieser chemischen Elemente kann mit jedem anderen chemischen Element verbunden werden.

Es gibt Elemente, die sich gegenseitig abstoßen. Das kennst du, wenn du Öl in Wasser gibst. Sie bleiben getrennt und vermischen sich nicht. Dann wiederum gibt es Elemente, die einen explosiven Charakter haben, wenn sie miteinander vermischt werden. Das heißt, dass sie sich beide gegenseitig verletzen und auflösen. Und es gibt Elemente, die in Verbindung mit einem anderen Element zu einem ganz neuen Element aufsteigen, sprich: sich verwandeln.

Die Redewendung »Die Chemie stimmt nicht« kommt da nicht von ungefähr. Denn auch wir bestehen aus chemischen Elementen, wie Kohlenstoff-, Wasserstoff- und Sauerstoff-Atomen.

Wir wissen auch, dass sich nicht jede Blutgruppe mit jeder verträgt. Genauso ist es mit uns Menschen: Manchmal passt die Chemie einfach nicht. Dafür kann es unterschiedliche Gründe geben.

So kann es sein, dass du einem Menschen nicht in den Kram passt, weil du diesen Menschen an einen anderen Menschen erinnerst, mit dem er eine schlechte Erfahrung gemacht hat. Vielleicht hat er ein Flashback wegen deiner Art zu gehen, wegen deines Aussehens oder wegen bestimmter Aussagen von dir. Das kannst du nicht verhindern. Wenn dein Gegenüber in Schubladen denkt, was ein ebenso alter Mechanismus ist, der das Überleben gesichert hat, so ist das seine Entscheidung. Aber es hat im Grunde nichts mit dir zu tun. Du bist für das Gegenüber lediglich eine Art *Trigger*. Das heißt, du erinnerst diesen Menschen an einen anderen Menschen, mit dem er eine schlechte Erfahrung gemacht hat. Und du und dieser negativ konnotierte Mensch werden nun von deinem Gegenüber gleichgesetzt. Das ist sein Problem, nicht deines. Vor allem dann, wenn du mit deinem Wesen zeigst, dass du ganz anders bist.

Ein weiterer Grund, weshalb du diesem Menschen nicht in den Kram passt, ist, dass du ihm Angst machst. Vielleicht, ohne das zu wissen. Vielleicht mit einer sehr selbstsicheren Aussage von dir, die dein Gegenüber an seine innere Unsicherheit erinnert.

Und der dritte Grund, weshalb du deinem Gegenüber nicht in den Kram passt, ist die Chemie. Dass du und dein Gegenüber einfach keine Verbindung zueinander habt. Und wenn ihr sie hättet, dann würde sie vielleicht im Rahmen einer Explosion verpuffen.

Hier nochmals die drei Gründe, weshalb du deinem Gegenüber nicht in den Kram passt:

1. Du bist ein Trigger
Du erinnerst dein Gegenüber an einen anderen Menschen oder an eine schlechte Erfahrung.

2. Du machst deinem Gegenüber Angst

Deine bewussten oder unbewussten Aussagen oder Handlungen machen deinem Gegenüber Angst oder geben deinem Gegenüber das Gefühl, nicht gut genug zu sein.

3. Chemie

Die Chemie passt einfach nicht – man spürt es, kann es aber kaum erklären.

Bei diesem letzten Grund, der Chemie, ist die Schwierigkeit auch jene, dass es Menschen gibt, die dich toll finden, du sie aber nicht. Dies ist damit zu erklären, dass es chemische Elemente gibt, die in der Verbindung mit einem anderen chemischen Element Letzterem dazu verhelfen, zu einem neuen chemischen Element aufzusteigen – sich also zu verwandeln.

Stell dir vor, du wärst ein chemisches Element, das mit sich selbst mehr als nur zufrieden ist. Ein anderes chemisches Element kommt auf dich zu, das mit sich selbst unzufrieden ist. In dir sieht es eine Möglichkeit, sich zu verwandeln und dabei auf eine neue Stufe aufzusteigen. Auf ein neues Level. Du hingegen möchtest das nicht. Du siehst die Zufriedenheit im Jetzt.

Was geschieht?

Du spürst, dass du von diesem chemischen Element bedrängt wirst und spürst eine Abneigung. Das Gegenüber aber will sich mit dir verbinden und so zu einem neuen Element werden. In diesen Fällen ist die Abneigung nur einseitig. Alles hängt also immer damit zusammen, wie zufrieden du mit dir oder mit deinem Jetzt bist.

Dann wiederum gibt es Momente, in denen du auf Menschen triffst, zu denen du keinen Draht hast. Und auch umgekehrt. Man mag sich gegenseitig nicht. Man kann es aber vielleicht nicht ganz begründen. Es ist einfach die Chemie. Oder wie ich zu sagen pflege: die Energie.

Dann wiederum gibt es auch Situationen, da triffst du auf einen Menschen, und du weißt vom ersten Moment an, dass ihr euch gegenseitig versteht. Man versteht sich förmlich, ohne überhaupt reden zu müssen. Dabei handelt es sich um Menschen, die man gefühlt schon seit mehreren Leben kennt.

In diesen Fällen stimmt offensichtlich einfach die Chemie. Man kann sich diese Art von Begegnungen nicht ganz erklären. Aber oft muss man sich ja auch nicht immer alles erklären können.

Genauso, wie die Chemie einfach passt, gibt es Menschen, zu denen die Chemie einfach nicht passt. Du kannst dich bemühen, Verständnis aufzubringen, aber trotzdem klappt es einfach nicht.

Erinnern wir uns wieder an die chemischen Elemente, aus denen auch wir alle bestehen. Obwohl wir aus denselben Elementen bestehen, haben wir unterschiedliche Energie. Jede Zelle hat ihre Eigenfrequenz. Jeder Körper hat seine Eigenfrequenz. Jeder Geist hat seine Energie. Der eine Geist ist fokussiert auf das Gute – der andere fokussiert auf das Schlechte. So ziehen sich bestimmte Menschen gegenseitig an oder stoßen sich ab. Es darf sein, dass es einfach funkt oder eben nicht. Denn es gibt für jedes Element kompatiblere und weniger kompatible Elemente.

Meist ist es für genau diejenigen, die zu möglichst vielen Menschen ein möglichst gutes Verhältnis haben möchten, ein kleiner Weltuntergang, wenn andere Menschen sie auf Anhieb ablehnen. »Ich habe ihr doch nichts in den Weg gelegt!« oder »Der hat mir nie eine Chance gegeben!« sind dann meist Aussagen, die unsere Verwunderung ausdrücken. Meist mangelt es uns dann am Verständnis dafür, dass das Gegenüber keine Anzeichen für dieselbe Anziehung hat, wie man selbst sie hat. Das mag daran liegen, dass das Gegenüber durch die Verbindung nicht mehr vollständig im alten Element bleiben konnte. Ein Sinnbild dafür ist der alleinstehende Mann, der seinen freiheitsliebenden Alltag zumindest teilweise aufgeben muss, weil er eine Beziehung eingeht. Dies sind dann meist die komplexeren Situationen, die wegen der Chemie und einer gewissen Angst für mindestens eine der beiden Seiten schwieriger sind,

So beispielsweise, wenn sich der alleinstehende Mann von der Frau angezogen fühlt – folglich die Chemie gut passen würde – er aber eine Angst verspürt, die er sich nicht zu äußern wagt. Dann spricht man meist von »komplizierten« Männern oder Frauen. Es sind diejenigen, die hin- und hergerissen sind. Einerseits flirten sie. Andererseits machen sie immer wieder einen Rückzieher, sobald das Verhältnis verbindlich wird.

Für solche Situationen gilt es, eine ganz klare Hierarchie zu berücksichtigen. Denn es gibt tatsächlich Gründe, weshalb das Gegenüber nicht mit dir in eine bestimmte Verbindung tritt, die einfach abzulegen sind. Und dann wiederum gibt es Gründe, die schwer zu ändern sind.

Schauen wir uns hierfür die drei Gründe und die dazugehörigen Argumente nochmals an:

1. Du bist ein Trigger
Du erinnerst dein Gegenüber an einen anderen Menschen oder an eine schlechte Erfahrung. Möglichkeit diese Sache abzulegen: Relativ leicht.

Dein Gegenüber kann lernen, dass du nicht so bist wie eine andere Person. Meist legt sich dies sogar von selbst, wenn ihr mehr Zeit miteinander verbringt. Dann nämlich merkt dein Gegenüber, dass du ein Individuum und nicht mit anderen zu vergleichen bist.

2. Du machst deinem Gegenüber Angst

Deine bewussten oder unbewussten Aussagen oder Handlungen machen deinem Gegenüber Angst oder geben deinem Gegenüber das Gefühl, nicht gut genug zu sein.

Möglichkeit diese Sache abzulegen: Mittel schwierig.

Es kommt darauf an, wie tief die entsprechende Angst liegt. Wenn die Angst erst sehr jung ist, kann diese vielleicht sogar durch Kraft der Verbundenheit abgelegt werden. Wenn die Angst aber tiefer liegt – beispielsweise aus der Kindheit oder Jugend stammt – so braucht es meist tiefer gehende Therapien, die ermöglichen, diese Angst – wenigstens teilweise – abzulegen.

3. Chemie

Die Chemie passt einfach nicht – man spürt es, kann es aber kaum erklären.

Möglichkeit diese Sache abzulegen: Schwierig bis unmöglich.

Wenn die Chemie nicht passt, dann kann man das meist nur schwer ändern. Einzige Möglichkeit ist eine Metamorphose des Gegenübers. Damit ist konkret gemeint, dass das Gegenüber einen Entwicklungsprozess durchmacht, und sich durch diesen Prozess auch die Energie dieses Menschen – und damit auf einer gewissen Ebene auch die Chemie – anpassen könnte.

Beispiele dafür sind, dass wir gewisse Nahrungsmittel lange nicht mögen, sie dann aber eines Tages gern essen. Dies geschieht manchmal, weil auch der Mensch selbst einen Wandel durchmacht und sich sein Geschmack dadurch ändern kann. Dieser Prozess ist aber nur schwer bestimmbar. Meist sind Menschen, die diesen Prozess durchgemacht haben, die Gleichen, die du vor vielen Jahren nicht leiden konntest und zu denen du nun eine ganz andere Meinung hast. Dieser Prozess kann sehr lange dauern. Wenn wir davon ausgehen, dass eine Lebensphase rund sieben bis acht Jahre dauert, so kann dieser Prozess vielleicht noch Monate, Jahre oder sogar Jahrzehnte andauern. Denn es ist ja nicht gesagt, dass sich der Geschmack direkt in der unmittelbar nächsten Lebensphase schon ändert.

Wir müssen folglich auch lernen zu akzeptieren, dass uns nicht alle mögen können. Und dass es nicht die eigene Schuld ist. Es ist lediglich ein natürliches Phänomen. In diesen Situationen könntest du dir folgende Fragen stellen:

- Kann es sein, dass ich sie oder ihn an jemanden für sie oder ihn Schreckliches erinnere? Wenn ja, so wird die Zeit zeigen, dass ich anders bin.
- Kann es sein, dass sie oder er eine bestimmte Angst hat, die ich vielleicht mit unbewussten Worten oder Verhaltensweisen verstärkt habe? Wenn ja, so sollte ich sie oder ihn ermutigen, mit mir offen über bestimmte Ängste zu reden.
- Kann es sein, dass die Chemie von ihrer oder seiner Seite einfach nicht passt? Wenn ja, dann muss ich das wohl einfach akzeptieren.

Wenn du dich beruhigen möchtest, falls dein Gegenüber keine Verbindung zu dir zulässt, so möchte ich dir Kernaussagen mit auf den Weg geben, die du dir bitte in der Tiefe merken solltest. Am besten formulierst du die folgenden Sätze mit lauter Stimme. Denn damit verstärkst du die Wirkung auf deinen Geist, weil du sie als echter wahrnimmst.

Fünf Erkenntnisse, die dir dabei behilflich sind, es nicht allen recht zu machen:

1. Es gibt mindestens genauso viele Menschen, die mich mögen und sich zu mir hingezogen fühlen, wie solche, die das eben nicht tun. Aber auch diese haben solche, die sie nicht mögen. Also fokussiere ich mich auf die positiven Menschen, die mich mögen, so wie ich bin.

2. Auch für den berühmtesten, erfolgreichsten oder einflussreichsten Menschen dieser Welt gibt es ganz viele Menschen, die ihn nicht mögen. Selbst Menschen, die dem Frieden zuliebe handeln.

3. Ich werde nicht erzwingen können, dass ein Fisch mit mir herumfliegen will. Und genauso wenig kann ich wie ein Fisch im Wasser leben, weil es nicht meiner Genetik und nicht meiner Energie entspricht.

4. Wenn mich jemand nicht mag, so verdeutlicht dies, dass ich meine positive Energie so ausstrahle, dass diese andere triggern kann und in ihnen versehentlich Angst auslöst oder dem Gegenüber direkt zeigt, dass ich eine andere Energie habe als sie oder er.

5. Wenn jemand sagt, dass sie oder er mich nicht mag, so macht die- oder derjenige Marketing für meine Energie. Das heißt,

28

wer mit seiner Energie Mühe hat, fühlt sich angezogen von mir. Und wer seine Energie toll findet, hätte in nächster Zeit sowieso keinen Zugang zu mir.

Diese fünf Erkenntnisse kannst du dir jeden Tag sagen, damit du auch dich selbst vom hohen Druck befreist, es ständig allen recht machen zu müssen. Oder du nimmst diejenige dieser fünf Erkenntnisse, die dir besonders gefällt, und integrierst sie so sehr in deinen Alltag, dass sie dich jeden Tag positiv bereichert und mit Leichtigkeit und Selbstvertrauen durch den Tag gehen lässt.

Dieses Grundgesetz, dass wir alle unterschiedlich auf die geistige, chemische oder energetische DNA des Gegenübers reagieren, findet sich nicht nur im privaten Alltag. Dort fällt es uns aber besonders auf. Denn wer will schon privat die eigene wertvolle Zeit mit Menschen verbringen, die nicht zu einem passen?

Doch auch im geschäftlichen Alltag herrscht dieses Grundgesetz vor.

Wer will eine Vorgesetzte oder einen Vorgesetzten, die oder der ganz anders tickt als wir selbst es tun?

Sogar als Kundin oder Kunde kaufen wir nur dort ein, wo die Energie stimmt. Wir gehen nur in das Restaurant, in dem wir uns verstanden fühlen und in dem uns die Chemie und die Energie gefallen. Wir kaufen in dem Supermarkt oder Lebensmittelgeschäft ein, wo sich die Einstellung mit unserer vereinbaren lässt. Und diese Erkenntnis ist inzwischen auch schon in der Wirtschaft angekommen. Kunden, die mit einer Firma nicht positiv kooperieren, haben wohl eine komplett andere Energie. Wenn dieser Kunde von der Firma oder dem Geschäft etwas kauft, so bindet er sich im Rahmen dieses Produktes oder dieser Leistung. Es entstehen ganz natürliche Erwartungen. In diesen Erwartungen zeigen sich dann meist ganz andere Energien, die die Firma nicht unterstützen kann. Diese Kunden suchen dann einen energetischen Spiegel, den sie aber nicht von der entsprechenden Firma erhalten werden. Also wird der Kunde so lange nörgeln, bis die Bindung durch das Produkt oder die Dienstleistung aufgelöst wird. Die Firma kann sich auf die Förderung ihrer positiven Energie und den Kunden, die diese nutzen wollen, konzentrieren. Würde die Firma die nörgelnden Kunden zufrieden stellen wollen, was dann meist nicht möglich ist, weil diese eine ganz andere geistige oder energetische »Chemie« haben, so würde die Firma wohl 80 bis 90 Prozent ihrer Energie für nur diese wenigen Kunden investieren, statt diese Energie den Kunden zu widmen, die diese auch schätzen.

Wenn wir das Grundgesetz der nicht immer kompatiblen Chemie verstanden haben, so erkennen wir, dass diesen wenigen Kunden gar keine Vorwürfe zu machen sind, weil diese ja auch nur dieselbe Energie suchen, wie sie selbst haben. Wir sollten auch nicht über die Energien urteilen. Jede Energie hat ihre positive Seite. Deshalb reden wir ja auch von der positiven Energie, wenn wir von unserer eigenen Energie sprechen. Auch aus dem Grund, dass sich diese Energie für uns natürlich sehr schön, angenehm und damit positiv anfühlt.

Wir begreifen, dass Konkurrenz ihr Gutes hat. Die Konkurrenz wird diese anderen Energien übernehmen, mit denen wir nicht klarkommen. Die Konkurrenz kommt damit klar, weil sie in einer gleichen oder ähnlichen Energie ist wie diese wenigen Kunden.

Dieser Erkenntnis folgen auch schon große Konzerne. Deshalb hängen sie auch nicht mehr mit allen Mitteln an jedem Kunden, sondern lassen diesen gerne frei, wenn sie selbst nicht die jeweils gewünschte Energie bieten können. Der Grundsatz »Der Kunde ist König« ist also schon längst veraltet. Heutzutage hört man Sätze wie »Der Kunde ist Partner« oder »Der Kunde ist Weggefährte«. Wir sehen also, dass dieses Thema nicht nur im privaten Alltag eine interessante Sache ist, sondern auch in beruflicher Hinsicht.

Nutze die Erkenntnisse und erkenne, dass es da draußen viele Menschen gibt, die sich einfach so von dir angezogen fühlen, ohne dass du etwas dafür tun musst. Diese Menschen mögen deine Energie, dein Wesen, einfach DICH.

Es ist eine Tatsache, dass du geliebt wirst, ohne etwas dafür tun zu müssen. Du musst nur die richtigen Menschen finden. Sie warten da draußen. Geh und zeige dich. Öffne dich für die Menschen, die dich lieben.

Entweder es passt oder eben nicht

Wenn dir ein Mensch sympathisch ist und du somit von ihm ein gutes Bild hast, so kann das verschiedene Gründe haben. Die drei wohl wichtigsten Gründe, weshalb du einem Menschen sympathisch bist, sind die folgenden:

1. Personenspezifische Gründe
Der Mensch vertritt dieselben Werte wie du.

2. Zweckspezifische Gründe
Der Mensch verhilft dir, dein Ziel zu erreichen.

3. Irrationale Gründe
Der Mensch erinnert dich an einen anderen Menschen, der dir sympathisch ist, oder er erweckt in dir ein positives Gefühl – aus nicht erklärbaren Gründen (Energie, das Riechen des Immunsystems).

Personenspezifische Gründe sind jene, die eine Verbundenheit auf Ebene der Werte, der Einstellung oder des Glaubens schaffen. Wir teilen dieselben Werte, dieselbe Einstellung oder denselben Glauben mit unserem Gegenüber. Dies verbündet. Es vereint.

Personenspezifische Gründe sind meist sehr stark, und jeglicher Gegensatz kann Ablehnung herbeiführen. Das Unterbewusstsein jedoch fokussiert sich auf die Mehrheit der Gemeinsamkeiten. Solange die positiven, personenspezifischen Anteile überwiegen, ist noch alles gut. Problematisch wird es, sobald die positiven Seiten des Gegenübers in der Minderheit sind. Diesen inneren Konflikt erleben wir oftmals in Beziehungen.

Wenn der Mensch jemanden kennenlernt und an einer festen Beziehung interessiert ist, so gibt es teilweise sogar eine Art innere Liste aller positiven Seiten. Der Dopamin-Hormonüberschuss während des Verliebtseins blendet dann oftmals die negativen Seiten aus. Dies rächt sich spätestens dann, wenn der Hormonhaushalt wieder geregelt ist und sich das bindende Hormon Oxytocin einstellt. Dann verschwindet meist die rosarote Brille, und man sieht in der Partnerin oder im Partner eine Person, die man so nicht kennengelernt hat.

Dass wir positive und insbesondere gemeinsame Einstellungen, Haltungen und Werte im Gegenüber als sympathisch definieren – sei es bewusst oder unbewusst – liegt sicher auch daran, dass wir schon zu Urzeiten länger überlebten, wenn wir mit Menschen unterwegs waren, die ähnliche Einstellungen hatten wie wir. Wenn das Gegenüber ganz andere Flucht- oder Jagdstrategien hatte, so gefährdete dies immer auch unser Sicherheitsempfinden.

Zweckorientierte Gründe sind für viele schwerer nachzuvollziehen. Es scheint tatsächlich in der Natur des Menschen zu liegen, die eigenen Bedürfnisse über die anderer zu stellen. Das war früher sicher notwendig: Wenn der Ureinwohner nichts zu essen hatte, so schaltete sich das Reptilienhirn ein – und es begann ein

Kampf um das nackte Überleben. Weshalb dieser Trieb immer noch aktiv ist, wenn das Flughafenpersonal das Boarding öffnet und alle die schnellsten sein wollen, ist selbst mir fast ein Rätsel. Hier zeigt sich wieder, dass der Mensch seine egoistischen Triebe, die er meist selbst gar nicht erklären kann, auch über Tausende von Jahren immer noch nicht ablegen kann.

Spannend ist, dass der Mensch von Natur aus diejenigen als für sich positiver einstuft, die ihm dienlich sind. Schenkt dir ein Fremder Geld, so betrachtest du ihn als guten Menschen. Und das, obwohl du als Beschenkter nicht weißt, weshalb der Schenkende so großzügig ist. Vielleicht will er sein Gewissen bereinigen. Vielleicht ist dieser Mensch in anderen Situationen gar nicht so gutmütig, wie du ihn einschätzt. Werden wir von unserem Gegenüber gut behandelt, sind wir in Wahrheit dabei, ihm zu helfen, sein Ziel zu erreichen. Auch wenn es nur das Ziel seines inneren Friedens ist, stufen wir ihn sofort als guten Menschen ein. Das ist eigentlich erschreckend. Aber es verdeutlicht, dass sich das menschliche Gehirn eben so entwickelt hat – es will stets maximal gewinnbringende Entscheidungen treffen. Einziger Trost ist, dass nicht nur der Homo Sapiens so ist, sondern sich beinahe jedes Lebewesen auf die gewinnbringenden Gesellen fokussiert. So auch der Hund, die Katze, bis hin zur Maus.

Irrationale Gründe sind die wohl am schwersten nachvollziehbaren Faktoren. Wie die Bezeichnung schon impliziert, sind die Gründe primär irrationaler Natur. Das heißt, mit der Ratio – der Vernunft – sind diese Gründe nur zu schwer greifbar.

Machen wir aber diese irrationalen – also unbewussten – Prozesse sichtbar, so könnten wir folgende innere Geschehnisse mit allen Sinnen wahrnehmen:

- Optik:
Die Person, die der Mensch sieht, erinnert ihn optisch an eine andere Person, die ihm äußerst positiv in Erinnerung geblieben ist. Wenn das Unterbewusstsein Aktuelles mit Vergangenem abgleicht und Übereinstimmungen findet, die eine Emotion auslösen, sprechen wir oftmals von *Triggern* oder *Ankern*. Triggern meint oft negative Erinnerung, Ankern positive.

- Akustik:
Die Worte der Person erinnern an Worte einer anderen Person, mit der man etwas sehr Positives verbindet (Anker).

- Olfaktorisch:
Die Redewendung »jemanden riechen können« scheint gar nicht so weit von der Realität entfernt zu sein. So zeigen Studien, dass wir das Immunsystem des Gegenübers offenbar unbewusst aus Schweiß und Urin riechen können. Ein Experiment von der Universität Bern zeigte so mitunter, dass beispielsweise Frauen den Geruch des Schweißes von Männern, die immuntechnisch genetisch der Frau näher sind, nur dann als attraktiver einstufen, während sie nicht nah am Eisprung sind oder wenn sie die Antibabypille nehmen. Sind sie hingegen dem Eisprung nahe, dann sucht sich das Unterbewusstsein für das Kind das möglichst entgegengesetzte Immunsystem beim Partner aus. So bekommt das Kind ein möglichst breites Spektrum an gekreuzter Immunabwehrinformationen.

- Taktil:
Wenn die Berührungen des Gegenübers in einem ein positives Gefühl herbeiführen – vielleicht, weil wir uns unbewusst nach mehr Berührungen – also Wärme, Nähe und Zuwendung –

sehnen, so kann dies zu Sympathiepunkten führen. Man sollte sich deshalb auch immer bewusst vor Augen führen, ob wir die Berührung des Gegenübers wirklich als ein Zeichen der Sympathie einordnen sollten, oder ob es mehr unser eigenes inneres Verlangen nach Nähe ist. Nicht jede Berührung des Gegenübers hat dieselbe, positive Absicht, wie wir sie uns vielleicht erhoffen.

- Gustatorisch:
Der Geschmackssinn ist erst bei wirklicher Nähe ein Thema. Wenn wir uns küssen, so entscheiden wir unbewusst anhand des Geschmacks des Gegenübers, ob sie oder er wirklich zu uns passt oder nicht. Bevor wir uns so nahekommen, versuchen wir oftmals, den Geschmackssinn mit feinem Essen und guten Getränken positiv zu beeinflussen. Auch hier sollten wir nicht von einem guten Essen direkt auf unser Gegenüber schließen. Jedoch gilt aus Fairness zu erwähnen: Auch von einem schlechten Essen sollten wir nicht auf das Gegenüber schließen.

- Energetisch:
Das Gegenüber weist eine Energie – eine Aura – auf, die einem ein positives Gefühl gibt. Viele reden dann gerne auch von einer gewissen »Ausstrahlung«. Was es genau ist, ist meist schwer zu erklären. Es ist das Lachen. Die Mimik. Die Frequenz der Stimme. Etwas Anziehendes, das wir uns nicht erklären können, aber das Gegenüber für uns einfach sympathisch macht.

Die drei Hauptgründe für eine Sympathie sind zwar unterschiedlich schwer nachzuvollziehen, jedoch auch unterschiedlich beständig:

- Die personenspezifischen und zweckspezifischen Gründe führen meist zwar schnell zu Sympathie, sie sind jedoch meist auch sehr anfällig.
- Am anfälligsten sind die zweckorientierten Gründe. Wenn dich dein Gegenüber nur deshalb gut findet, weil du ihm dabei behilflich bist, ein Ziel zu erreichen, so bist du meist sehr schnell nicht mehr die oder der Beste, wenn du deinem Gegenüber erklärst, dass du für das Erreichen dieses Zieles nicht zur Verfügung stehst.
- Etwas resistenter hingegen sind die personenspezifischen Gründe. Wenn sich beispielsweise herausstellt, dass du denselben Glauben hast wie dein Gegenüber, so braucht es meist umso mehr, damit aus der Sympathie eine Antipathie wird. Es braucht dafür meist eine Überzahl an schlechteren oder weniger gefragten Argumenten, damit es zu einer deutlichen Antipathie kommt.
- Die am schwersten zu beeinflussenden Gründe sind die irrationalen. Bei diesen spielt das Unterbewusstsein eine starke Rolle. Wenn du einen Menschen einfach gut findest, ohne dies konkret für dich erklären zu können, so wirken da unbewusste Argumente mit, die eine tief verankerte, energetische oder seelische Resonanz zur Folge haben.

Wer sich also schlecht über dich äußert, der kann höchstens die *personenspezifischen* oder *zweckspezifischen* Gründe beeinflussen:

Wer über dich erzählt, du hättest andere Werte als die, die das Gegenüber in dir gesehen hat oder deine Zweckmäßigkeit herunterspielt, kann nur einen Einfluss auf das Gegenüber haben, wenn sie oder er selbst mehr personenspezifische oder zweckspezifische Argumente zu bieten hat.

Viele stellen es sich folglich sehr leicht vor, mit Überzeugung über andere herzufallen. Doch der Schuss kann nach hinten losgehen. Wer jemanden beispielsweise zweckmäßig herunterspielt, muss zweckmäßig selbst mehr bieten können als die Person, über die gesprochen wird.

Genauso verhält es sich mit den *personenspezifischen* Argumenten. Wer die Werte eines Menschen runterspielt, muss selbst bessere Werte zu bieten haben. Und diese müssen vom Gegenüber auch abgekauft werden. Viele stellen es sich sehr einfach vor, das Gegenüber als Unmensch gegenüber Dritten abzutun und vergessen dabei, dass der Grundsatz *in dubio pro reo* (im Zweifel für den Angeklagten) nicht von ungefähr kommt. Der Mensch tendiert dazu, diejenigen, die sich nicht schützen können, in Schutz nehmen zu wollen. Zumindest gedanklich.

Wenn ein Talkmaster über einen Studiogast herfällt, und die Absicht der Brüskierung des Studiogastes offensichtlich ist, so ist die Tendenz des Publikums natürlich die, dass es die abwertende Absicht des Talkmasters vielfach als personenspezifischen, negativeren Wert auffasst als der angeblich vom Talkmaster als »wahrer, degradierter Wert« des Studiogastes. Kurzum heißt das: Dass der Talkmaster den Studiogast in die Pfanne hauen will, ist für viele meist eine größere Charakterschwäche als jene, die dem Studiogast angehängt wird. Es entstehen ein Mitgefühl für den Studiogast und eine innerliche Fürsprache für ihn. Der Moderator verliert bei den Zuschauern Sympathiepunkte. Sind seine Sympathiepunkte aufgebraucht, was an der Quote abzulesen ist, muss er den Sender verlassen und woanders Anschluss finden. Dort wird er – meist bei der Konkurrenz – mit Handkuss aufgenommen, eben weil er von der Konkurrenz kommt und einen

Zweck erfüllen kann: Informationen über die Konkurrenz zu liefern. Beim neuen Zielpublikum des neuen Senders hat der Talkmaster dann wieder ein neu aufgestocktes Kontingent an Sympathiepunkten. Doch auch dieses ist nicht unendlich lange haltbar.

Es lohnt sich also kaum, über Menschen schlecht zu reden. Nicht nur, weil es rechtlich nicht zulässig ist. Sondern auch, weil man damit viel mehr über sich selbst verrät: innere Frustration, Dünnhäutigkeit oder andere, schwierigere Werte.

Hinzu kommt, dass wir, die wir uns das schlechte Gerede anhören müssen, den, der in die Pfanne gehauen wird, ganz unbewusst mit uns selbst vergleichen. Hat derjenige sicht- oder hörbare Gemeinsamkeiten mit uns, so verbünden wir uns unbewusst mit ihm. Und wir empfinden uns als Feind derjenigen Person, die schlechtredet.

Der Schuss geht für den, der sich schlecht über einen anderen äußert, nach hinten los. Vor allem, wenn jener grundlos schlecht über andere redet, dies also irrational tut. Sätze wie »Die geht mir einfach gegen den Strich!« oder »Der nervt so sehr!« als auch »Ich weiß nicht, was man an der gut finden kann!« sind eigentlich kostenlose Werbung für die angeblich nervige, negative und abgrundtief schlechte Person. Wer dich bei jenen Menschen schlechtmachen will, die deine Energie mögen, deine Ausstrahlung und dein Selbst als anziehend und positiv bewerten, hat bereits verloren. Denn diese Gründe – die irrationalen – sind niemals mit rationalen zu negieren.

Deshalb funktioniert es nicht, über charismatische Personen der Öffentlichkeit mit irgendwelchen rationalen Argumenten herzufallen. Weil kein Argument mit dem Charisma mithalten könnte. Zumal immer auch ein Zweifel an der Behauptung gehegt wird. Und je schlechter über einen Menschen gesprochen wird, desto mehr ist ersichtlich, dass Neid, Missgunst und Mangel bei all denen, die schlechtreden, die Ursache sind, was dann wiederum überhaupt nichts mit der Person zu tun hat, über die schlecht gesprochen wird.

Beispiel 1: Beziehungspartner
Eine Frau findet einen Mann nur deshalb gut, weil ihr Vater diesen gut findet.
Es handelt sich um einen *zweckorientierten* Grund.
Weshalb?
Weil das primäre Ziel darin liegt, die Anerkennung des Vaters zu erhalten.
Sobald aber der Vater diesen schlechtredet, ist der Mann schnell wieder Vergangenheit.
Es sei denn, es hätten sich in der Zwischenzeit irrationale (z. B. wohltuende Ausstrahlung oder wärmende Berührungen) oder *personenspezifische* Gründe (z. B. schöne Werte oder ein guttuender Glaube) eingestellt. Dann genügt das Revidieren der rein zweckorientierten Gründe seitens des Vaters nicht mehr.
Hat die Frau aber eine so tiefe Sehnsucht nach der Anerkennung des Vaters – meist aufgrund Verletzungen im Kindes- oder Jugendalter –, dass dessen Meinung für sie die allein-gültige ist, dann sind so viele irrationale Gründe im Spiel, dass diese für die Frau mehr Gewicht haben.

Beispiel 2: Arbeitswelt

Eine Mitarbeiterin redet beim Chef schlecht von dir, indem sie über dich erzählt: »Sie handelt sehr egoistisch und nutzt alle aus. Sie engagiert sich nicht fürs Team.«

Es handelt sich um eine *personenspezifische* (du seist egoistisch) und eine *zweckspezifische* Aussage (dass du angeblich das Team behinderst).

Dieses schlechte Gerede kann beim Chef nicht greifen, wenn dieser in dir schon mindestens einen positiven Wert erkannt hat (Wert) und in dir für die Firma einen positiven Nutzen (Zweck) sieht. Wenn dann noch ein *irrationaler* Grund mitspielt, hat sich die Mitarbeiterin mit ihrem schlechten Gerede selbst ins Abseits geschossen, weil sie damit Werte wie Skrupellosigkeit und Herzlosigkeit offenbart, sollte ihr offensichtliches Vorhaben sein, den Chef zu animieren, das Arbeitsverhältnis aufzulösen.

Weshalb dir egal werden MUSS, was andere von dir denken

- Ist es möglich, einem Menschen bewusst zu machen, wer du bist?
- Ist es möglich, dass ein Mensch dich sieht, wie du wirklich bist?
- Ist es möglich, dass ein Mensch dich liebt, so wie du bist?

Diese Erkenntnis ist hart – aber nötig: Du wirst es niemals schaffen, dass ein Mensch dich so sieht, wie du wirklich bist. Jeder Mensch hat eine ganz eigene Wahrnehmung. Und kein Mensch auf dieser Welt wird dich genauso sehen können, wie du dich selbst siehst. Denn kein Mensch auf dieser Welt kann so viel über dich selbst wissen, wie du selbst über dich weißt.

Alle Menschen dieser Welt können lediglich ein Abbild von dir sehen. Niemand hat die Möglichkeit, dein wahres Selbst zu sehen. Doch sie können es spüren und vor allem: wertschätzen.

Allein aufgrund dieser Tatsache, dass niemand dein vollkommenes Selbst vollumfänglich sehen kann, muss dir egal werden, was andere von dir denken. Denn sobald es dir nicht mehr egal ist, schaffst du eine innere Erwartungshaltung. Und Erwartung ist eine Form von Bedingung. Und

> Bedingungen sind Spannungsfelder, die zu Fülle oder zu
> Mangel führen können.

Jede Form von Spannung setzt deine Energie kinästhetisch in
Bewegung. Eine *Erwartung* ist wie ein Ziel, das du dir in der Ferne
setzt. Und wenn dieses Ziel nicht erreicht wird, so entsteht ein
Mangel. Ein energetischer Mangel. Weil die Energie immer noch
beim Ziel herumschwebt und nicht im Jetzt zugleich sein kann.

- Sobald du von deinem Gegenüber erwartest, dass es dich genauso sieht, wie du dich siehst, kannst du nicht mehr bei dir im Jetzt sein. Dann schwirrst du gedanklich in einem Paralleluniversum und verpasst die Fülle des Seins im Hier-und-Jetzt. Deshalb muss es dir egal sein, was andere von dir denken. Denn sobald du in die Erwartungshaltung deines Gegenübers eintauchst, bist du nicht mehr bei dir. Und vor allem bist du nicht mehr in deinem Universum, sondern im Universum der anderen Person.
- Wenn du eine Person aus deiner Vergangenheit loslassen willst oder eine Verletzung in deiner Vergangenheit, so darfst du nicht in die Erwartung gehen, dass diese Verletzung nicht mehr wehtut oder die Person sich bei dir entschuldigt. Denn sobald du in die Erwartung gehst, versetzt du dich in ein Spannungsfeld. Das Spannungsfeld führt zu möglichem Mangel.
  Wenn du beginnst zu verstehen, dass es eine einzige Rolle gibt, in der du Versöhnung erfährst, so veränderst du dein Universum: Du gehst in die Helferrolle.
- Löse dich von der Opferrolle, denn die Opferrolle ist die Mangelrolle.

Wer sich als Opfer sieht, hat einen Mangel: einen Mangel an Liebe, an Verbundenheit, an Unversehrtheit – einen Mangel an Seelenfrieden und Wärme.

- Wer sich aus der Opferrolle bewegt, neigt oftmals dazu, in die Täterrolle zu gehen. Denn zwischen Opfer und Täter besteht ein Spannungsfeld. Der Täter hat dem Opfer etwas weggenommen: den Seelenfrieden, die Unversehrtheit – die Liebe.

Wer nicht mehr in der Opferrolle sein will, neigt oftmals dazu, den Spieß umzudrehen und in die Täterrolle zu gehen. In der Täterrolle tendiert man dazu, dem Gegenüber auch etwas wegzunehmen, damit man vermeintlich wieder eine ausgeglichene Energie hat. Doch der Mangel, der herbeigeführt werden kann, kann nicht immer mit etwas anderem erfüllt werden.

Und doch meint das Gehirn, auf diese Art die offene Rechnung begleichen zu können. Wer von der Opferrolle in die Täterrolle wechselt, übt Vergeltung. Denn Vergeltung ist ein Gleichnis: etwas geltend machen; etwas ausgleichen. Im Grunde das, was der Rechtsstaat macht: Wer etwas Schlechtes getan hat, folglich in der Täterrolle ist, muss durch die darauffolgende Opferrolle Buße tragen. Wer Buße trägt, muss etwas ausgleichen. Doch der wirkliche Seelenfrieden kann nicht hergestellt werden, weil keine Liebe da ist, sondern lediglich ein faktisches, rationales Ausgleichen eines Mangels. Wer Vergeltung will, behält das Opfer-Täter-Spannungsfeld aufrecht, lediglich verkehrt herum. Es gibt dann nicht nur ein Opfer, sondern zwei. Unwissend, dass die Person, die sich so schlecht verhalten muss, im Grund ja schon ein Opfer und ihr Verhalten allein schon seine »Strafe« ist. Wer auf Karma wartet, vergisst, dass sich die Person bereits in einem schlechten Karma bewegt, welches dazu veranlasst, sich auf ihre Weise zu verhalten oder die dazugehörigen schlechten Gefühle wahrnehmen zu müssen.

- Wer Vergeltung will, will ein Gleichnis. Doch Vergeltung ist kein Vergeben. Vergeltung ist ein Verzeihen. Das Wort Verzeihen kommt aus dem altdeutschen Wort für »zeigen«. Wenn du jemandem verzeihst, so zeigst du jemanden an – sprich: du zeigst mit dem Finger auf einen Menschen, in Hinblick auf den du eine Vergeltung möchtest. Einen Ausgleich. Doch ist es wirklich ein Ausgleich?

Der wahre Ausgleich kann lediglich durch das Aufsteigen in die Helferrolle möglich sein. Denn der wahre Ausgleich ist ein Ausstieg aus jeglicher Form von Gleichung. Wer vergibt, der hat keinen Anspruch auf eine Gleichung. Wer vergibt, hat keine Erwartung. Wer vergibt, der hilft. Denn das Wort »Vergeben« kommt von »geben«, und dies stand früher mal für »schenken«. Wer vergibt, schenkt dem Gegenüber Liebe. So viel Liebe, wie das Gegenüber braucht. Weil die Person, die vergibt, so viel Liebe zu geben hat, dass diese unerschöpflich ist. Wer vergibt, strahlt. Strahlt wie eine Sonne. Unendlich. Unerschöpflich.

Wenn du deine Vergangenheit oder eine Person, die dich verletzt hast, loslassen willst, dann musst du sie mit Liebe erfüllen. Du musst dieser Person oder dieser Vergangenheit viel Liebe schicken. All die Liebe, die dieser Person oder der damaligen Situation gefehlt hat. Lass deine Energie bis in die Vergangenheit strahlen. Bis hin zu dieser Person. Bis hinein in die damalige Situation. Und sieh, wie diese Person reagiert hätte, wenn sie mit Liebe erfüllt gewesen wäre. Wie die damalige Situation ausgegangen wäre, wenn sie mit Liebe umhüllt gewesen wäre. Und dass das verletzende Resultat damals nichts mit dir zu tun hatte, sondern lediglich die Folge eines Mangels an Liebe dieser verletzenden Person oder der damaligen Situation war. Wäre die Person mit Liebe erfüllt gewesen, wäre alles anders geendet. Wäre die Situation mit Liebe erfüllt gewesen, wäre kein kollektives Mangeldenken aufgekommen. Sende der Vergangenheit Liebe. Und erfülle diese Vergangenheit. Schließe Frieden mit deiner Vergangenheit. Schließe Frieden mit der Person, die dich verletzt hat. Und wenn du dies getan hast, musst du diese Person oder die Vergangenheit gar nicht mehr loslassen – weil du im Frieden bist. Und dann, dann könntest du loslassen – aber auf einmal willst du gar nicht mehr loslassen. Weil es in Ordnung ist. Die damalige Tat bleibt schlecht. Doch mit der Person hast du Frieden.

Vernimmst du, dass eine Person schlecht von dir denkt oder schlecht über dich redet, so sende dieser Person Liebe. Diese Person ist im Mangel, denn in der Fülle gibt es keine so schlechte Rede.

Respektiere die Meinung deines Gegenübers über dich. Schätze sie. Und liebe sie. Lerne zu lieben, dass das Gegenüber seine eigene Meinung von dir hat. Lerne, das Gegenüber dafür zu lieben, dass es eine eigene Meinung von dir hat. Und dass dies nicht nur okay ist, sondern dass diese Meinung deinem Gegenüber zu dienen scheint. Erkenne, dass es dein Gegenüber nicht besser wissen kann. Dass dein Gegenüber nicht wissen kann, was es tut. Sende einfach Liebe und gönne deinem Gegenüber, dass die schlechte Meinung, die sie oder er von dir hat, ihr oder ihm dient.

Vergiss aber nie, dich selbst zu lieben. Sobald du dich vergisst, kannst du auch nicht für andere da sein.

Wer dich mit seiner schlechten Meinung bewusst verletzen will – dich oder deine Liebsten – darf darauf aufmerksam gemacht werden, dass das nichts mit dir zu tun hat. Wer sich von dieser Energie trennen will, tut dies zum Schutze des eigenen Selbst und der eigenen Energie und der Unversehrtheit der Liebsten. Wenn du die Energie des Gegenübers von deiner eigenen ablösen willst, damit der Konflikt mit dir nicht mehr als eigentherapeutische Plattform deines Gegenübers genutzt werden kann, sollst und darfst du diese Entscheidung treffen. Denn die einzige Energie, für die du verantwortlich bist, ist deine eigene. Und nicht die Energie der anderen. Auch nicht der Umgang, die Bewertung oder ein Urteil über deine Energie. Sondern nur die Präsenz deiner Energie.

- Es muss dir egal sein, was andere von dir denken.
- Es muss.
- Wenn du dich selbst liebst – dann muss es – dann wird es.

Bewerten ist nicht urteilen

- Dürfen wir bewerten?
- Dürfen wir urteilen?
- Liegt es in der Natur des Menschen, zu bewerten oder zu urteilen?

Wer sich mit diesen Fragen befasst, hat ein differenziertes Verständnis der Worte »bewerten« oder »urteilen«. Weil es unterschiedliche Worte sind, können wir davon ausgehen, dass sie auch unterschiedliche Bedeutungen und folglich abweichende Energien haben.

So ist das Wort »Urteil« ja bedeutend dafür, dass etwas in der Demut des Ur-Zustandes, des Ursprungs, dem »Ur-Teilen« in Gut oder Böse, entweder dem Guten oder dem Bösen zugeordnet werden kann. Etymologisch ist es vom althochdeutschen »erteilen« abgeleitet. Wie eine Urkunde oder eine Bescheinigung, die erteilt wird. Doch das Wort »erteilen« wiederum kommt ursprünglich von »teilen«. Also ist das »Urteil« auch eine Form des Teilens.

Das Urteil teilt in Gut und Böse.

»Bewerten« hingegen ist ein komplett anderes Wort. Wenn wir bewerten, dann nicht in Gut und Böse, sondern in Gut und Schlecht. Als Schülerin oder Schüler hast du eine gute Schulnote erhalten, hier oder da bestimmt auch mal eine schlechte. Nie aber eine böse Schulnote. Die Schulnote, die du erhalten hast, kann nicht böse sein. Weil deine Schulnote dein Wissen in einem Kontext – in einem bestimmten Zusammenhang – bewertet hat.

- Das heißt, das *Urteil* ist etwas Übergreifendes. Wer urteilt, der ordnet etwas in Gut oder Böse ein.
- Wer bewertet, urteilt nicht übergreifend, sondern nur im Kontext. Deshalb ist die *Bewertung* nicht allgemeingültig.

Ein Urteil ist etwas Universelles. Doch das Universum urteilt nicht. Es kennt kein Gut oder Böse.

- Ein Baum ist ein Baum. Er ist weder gut noch böse. Er *ist* einfach.
- Ein Stein ist ein Stein. Er ist weder gut noch böse. Er *ist* einfach.
- Ein Mensch ist ein Mensch. Er ist weder gut noch böse. Er *ist* einfach.

Das Universum urteilt nicht. Das Subjekt urteilt. Ohne Subjekte gäbe es keine Urteile.

Doch sobald das Subjekt zu urteilen vermag, entstehen Bewertungen.

Und hier sehen wir, dass das Wort »Bewertung« den »Wert« beinhaltet. Und ein Wert ist immer subjektiv. Was für die eine wertvoll ist, ist für den anderen wertlos. Dies erkennen wir besonders in der Kunst oder grundsätzlich in allem, was ja auch nur für eine bestimmte Zeit als wertvoll gilt oder mit der Zeit an Wert zunimmt.

Beispiele:

Auto
- Tendenziell nur dann wertvoll, wenn es frisch ab Werk kommt.

Kunst
- Nur dann wertvoll, wenn der Künstler von den Kritikern als wertvoll ersehen wird.

Gold
- Nur so lange wertvoll, wie der Goldkurs positiv steht.

Geld
- Nur dann wertvoll, wenn dir Geld wichtig ist.

Wer die Erfüllung darin findet, sich in der Natur irgendwo ein Zuhause zu schaffen, fernab von Kapitalismus, Industrialisierung und Wirtschaft, kann weder mit einem Auto etwas anfangen noch mit Kunst, noch mit Gold, noch mit Geld. Sondern findet den wahren Wert in der Lebenszeit. Darin, den Vögeln und anderen Waldtieren zuzuschauen und die Verbundenheit mit einem anderen Menschen oder einem Tier zu genießen.

Wir erkennen also, dass Bewerten immer eine subjektive Sache ist. Jede Bewertung hängt vom Subjekt ab. Sobald du über jemanden urteilst, bewertest du sie oder ihn für dich oder im Namen eines anderen Menschen oder einer Gesellschaftsschicht. Es ist aber dem Subjekt nicht möglich, ein universelles Urteil zu fällen.

Die Gazelle kann das Raubtier als schlecht bewerten. Weil das Raubtier in diesem Kontext – das heißt in Hinblick auf die Gazelle – eine Gefahr darstellt und ihr das Leben nehmen könnte.

51

Das Raubtier wird von der Gazelle als schlecht bewertet. Das Raubtier ist aber aus universeller Sicht weder gut noch böse. Es ist ein Produkt der Natur.

Wenn Menschen also schlecht von dir reden, so bewerten sie dich, dein Verhalten oder deine Person für sich selbst als schlecht. Bedenke aber, dass dich das Universum trotzdem liebt.

Denn das Universum kennt nur eine Kraft: das Licht, die Liebe, die Göttlichkeit.

Die unsichtbare Konkurrenz

Hast du dir schon mal Gedanken darüber gemacht, weshalb sich Menschen überhaupt schlecht über dich äußern? Und hast du festgestellt, was du tun musst, damit diese Menschen nicht schlecht von dir reden? Worin liegt der kleine, aber feine Unterschied?

Der Mensch hat unterschiedliche Ängste. Und eine der wohl schlimmsten und am weitesten verbreiteten Ängste ist die, nicht zu genügen. Weil das Unterbewusstsein des Menschen weiß, dass der Mensch ausgegrenzt werden könnte, wenn er den anderen nicht genügt, und Ausgrenzung vor Tausenden von Jahren ein Todesurteil war, versucht der Mensch, das zu vermeiden. Dabei ist dieses unbewusste Programm schon längst veraltet. Und doch beeinträchtigt es immer noch unseren Alltag. Doch woran orientiert sich dieses veraltete Programm?

Im Grunde an allen möglichen Gefahren, die zu Ausgrenzung führen könnten.

Dies sind all jene Menschen, die in dir die Angst, nicht zu genügen, auslösen könnten und die damit verbundene Angst, ausgegrenzt zu werden:

- Menschen, die sich schlecht über dich äußern.
- Menschen, die dich kritisieren oder beleidigen, weil diese sich infolgedessen schlecht über dich äußern könnten.

- Menschen, denen du es nicht recht machen kannst.
- Menschen, die herrisch mit dir umgehen, weil diese sich über dich stellen und du diesen folglich nicht genügen könntest.
- Menschen, die dich belügen, weil du ihnen nicht genügen könntest und sie dich deshalb belügen, um Konflikte zu umgehen.
- Menschen, die dich ignorieren. Ignoranz ist ein Ausdruck davon, dass du für sie aktuell gerade nicht wichtig genug bist.
- Menschen, die dich in Anbetracht anderer als unbedeutsamer dastehen lassen.

Die ersten Punkte scheinen allen einzuleuchten. Doch hast du dir schon mal Gedanken darüber gemacht, dass Menschen sich schlecht über dich äußern könnten, weil du in ihnen ein Gefühl der Minderwertigkeit auslöst?

Das bedeutet, dass du einfach so von jemandem als schlechter Mensch dargestellt wirst, ohne dass du überhaupt etwas getan hast. Vielleicht kennst du diesen Menschen ja überhaupt gar nicht. Und trotzdem spricht er schlecht von dir.

Der Grund ist, dass du mit deinem vielleicht selbstbewussten Auftreten im Inneren des Gegenübers einen seelischen Konflikt auslöst, ohne dass du davon überhaupt etwas mitbekommst. Es mag sein, dass du vielleicht in einer Sache sehr gut bist und ein Außenstehender euphorisch von dir spricht. Dem Adressaten gefällt diese Euphorie vielleicht deshalb nicht, weil er in der Hinsicht auch gerne einen Erfolg verzeichnen möchte, aber es bisher einfach noch nicht geschafft hat. Folglich löst diese Erzählung automatisch ein Gefühl der Minderwertigkeit aus. Es entsteht schlicht und ergreifend eine Konkurrenz. Oder noch präziser:

54

eine unsichtbare und einseitige Konkurrenz. Denn von diesem Konkurrenzdenken kriegst du vielleicht ja überhaupt nichts mit – und der Adressat ist für dich vielleicht auch gar kein Konkurrent.

Beispiel 1:

- *Die neue Chefin*
  Der Partner kommt besonders glücklich von der Arbeit heim. Seine Freundin ist schon verwundert darüber, dass er heute so gut aufgelegt ist. Beim Abendessen erzählt er, dass sein Team eine neue Chefin bekommen hat. Und dass diese Chefin eine besonders positive Art habe, mit schwierigen Situationen umzugehen.
  Die Partnerin hört sich diese Schwärmereien an. Automatisch mag sie die neue Chefin schon deshalb nicht, weil sie in ihrem Partner positive Gefühle auslöst und eventuell auch eine Frau ist, an der er ein persönliches Interesse entwickeln könnte, auch wenn das Arbeitsverhältnis eine private Ebene so nicht zulassen würde. Die neue Chefin ihres Partners löst in ihr Gefühle der Minderwertigkeit aus. Ihr Partner kennt die neue Chefin erst seit wenigen Stunden, und trotzdem bekommt sie schon positive Feedbacks von ihm. Positive Feedbacks, die sie sich als Partnerin auch öfter wünscht. So schaut sie sich Bilder im Internet von dieser neuen Chefin an und sucht in den Augen, der Mimik oder anderen äußerlichen Merkmalen Eigenschaften, die gegen sie sprechen. Damit

ihre überaus positive Bewertung wieder etwas egalisiert wird. Es folgen Aussagen wie »Ihr Blick ist so heimtückisch. Die macht einen falschen Eindruck auf mich!« oder »Ihre Pose auf diesen Bildern lässt schon darauf schließen, dass sie früher oder später ihr wahres Gesicht zeigen wird.«

Das Resultat:

Die neue Chefin hat eine unsichtbare Konkurrentin. Es wird schlecht über sie gesprochen, ohne dass sie davon etwas mitbekommt – und ohne, dass sie der Partnerin etwas zuleide getan hat.

Beispiel 2:

- *Der Profisportler*

Der Partner schaut mit seiner Partnerin fern. Sie verfolgen das Interview eines Profisportlers, der in derselben Sportart aktiv ist wie der Mann. Weil der Mann auch gerne erfolgreicher in dieser Disziplin wäre, es aber bisher noch nicht geschafft hat, löst das in ihm, im Beisein seiner Freundin, Minderwertigkeitsgefühle aus. Er beginnt, Aussagen zu machen wie: »Ja, wer einen vermögenden Vater hat, der einen schon von klein auf fördert, hat leichtes Spiel!« oder »Er ist der Beweis dafür, dass Können nicht alles ist, sondern auch Vitamin B und eine große Portion Glück! Die letzten Spiele zeigten nämlich, wie schlecht er in Wirklichkeit spielt!«

Und schon ist es wieder geschehen: Über den Sportler wird schlecht geredet, ohne dass der Sportler davon etwas mitkriegt. Doch weshalb? Der Profisportler löst in dem Mann ein Gefühl der Minderwertigkeit aus. Mit dieser Fallhöhe könnte er selbst vielleicht noch umgehen. Aber weil er Angst davor hat, dass seiner Freundin dieser Leistungsunterschied auch auffallen könnte, will er ihn wieder ausgleichen. Er könnte ihr ja im schlimmsten Falle nicht mehr genügen und von ihr verlassen werden, für einen anderen Mann, der sportlich erfolgreicher ist als er.

Das Resultat:

Der Profisportler hat einen neuen, unsichtbaren Konkurrenten, ohne dass er diesbezüglich jemals etwas falsch gemacht hätte.

Wenn du also im Auge einer anderen Person zu bedrohlich wirst, sodass deren Selbstwertgefühl durch mögliche Vergleiche mit dir kleiner wird, ist die Tendenz gegeben, dass schlecht von dir geredet wird.

Auch Mobbing könnte eine Folge daraus sein. Wenn du so viel Positivität versprühst, dass du damit das Selbstwertgefühl einer ganzen Gruppe tangierst, kann es sogar zu systematischem Mobbing von einer oder mehreren Personen gleichzeitig kommen. Im Grunde ist dies dann ein Kompliment für dich. Denn es verdeutlicht, dass du etwas erreicht hast, was andere auch gerne hätten, es aber bislang so noch nicht geschafft haben.

Die einzige Möglichkeit, die du hättest, es diesen Menschen recht zu machen, wäre es, dich unter deinem Wert zu verkaufen. Nur so würde dein Gegenüber sein Konkurrenzdenken einschränken. Doch ist es dir das wert?

Deinen Wert, deine Ausstrahlung und deine Energie zu unterdrücken, nur damit das Selbstbewusstsein anderer nicht von deiner Positivität tangiert werden kann?

Jeder Mensch, für den du dich verstellen musst, akzeptiert dich nicht so, wie du bist, sondern nur das Abbild von dir, das ihm am besten gefällt. Dadurch würdest du vielleicht einem einzigen Menschen besser in den Kram passen. Er wird dich vielleicht akzeptieren. Aber er wird dich nicht lieben. Denn lieben heißt, einander so zu nehmen, wie man ist.

Und spätestens dann, wenn andere Menschen deinen Wert in dir erkennen, wird dich dieser Mensch nicht mehr mögen. Weil du zu einer unsichtbaren Konkurrentin oder zu einem unsichtbaren Konkurrenten erkoren wirst. Ohne dass du davon etwas mitbekommst.

• Neid und Eifersucht haben in erster Linie etwas mit der Person zu tun, die neidisch oder eifersüchtig ist. Denn Neid und Eifersucht sind Anzeichen von Mangel (Neid) oder der Angst vor Mangel (Eifersucht). Wer im Mangel ist, empfindet sich womöglich als ungenügend. Es kommt die Angst auf, aus der Folge unbewusster oder bewusster Vergleiche mit der Person, auf die man neidisch oder eifersüchtig ist, ausgegrenzt zu werden.

- Neid, Eifersucht und Missgunst von anderen dir gegenüber haben aber auch etwas mit dir zu tun: Sie verdeutlichen, dass du Applaus verdient hast.

Natürliche Feinde

Jedes Tier hat – ohne daran Schuld zu haben – natürliche Feinde. Diese machen das Leben lebenswerter, so absurd das klingen mag. Für viele Menschen ist das Leben wertvoller, je klarer sie sich darüber sind, dass ihr Leben eben nicht unendlich ist. Hierfür sind Feinde meist gar nicht so schlecht.

Ein Feind kann das Leben zwar in erster Linie erschweren, aber auf weitere Sicht kostbarer machen. Denn der Mensch wächst in einer polaren Welt auf. In einer Welt, in der es nicht nur Gutes gibt, sondern auch Unangenehmes. Auch jedes Kind, das mit Samthandschuhen großgezogen wird, muss irgendwann erfahren, dass es im Leben auch unangenehme Situationen gibt. So zum Beispiel, wenn mal ein Zahn schmerzt, der Kopf wehtut oder wenn sich eine Wintergrippe einschleicht. Es ist nun mal das Gesetz der Polarität, dass der Mensch – aber auch alle anderen Lebewesen dieses Universums – die Polarität kennen. Es beginnt im Grunde schon mit der Geburt: Aus der Wonne der Geborgenheit geht es kopfüber in eine neue Dimension, die viel kälter, lauter und auch gefährlicher ist. Spätestens dann ist das Prinzip der Polarität auch im Bewusstsein des Frischgeborenen angekommen.

Doch was geschieht, wenn es die Polarität so nicht mehr gibt? Was, wenn der Mensch keine natürlichen Feinde mehr hat?

Wir kennen dies aus bekannten Beispielen: Prominente Persönlichkeiten, die überall angehimmelt werden und keine Berührungspunkte mit natürlichen Feinden haben, können meist mit dieser »einseitigen Polarität« nicht mehr umgehen. So beginnen sie, Dummheiten anzustellen, Grenzen auszuloten oder sich zum eigenen Feind zu machen: Drogenmissbrauch, aufgeritzte Handgelenke und grundlose Anfeindungen.

Das Leben braucht einen kleinen Spannungsbogen. Sobald die Spannung wegbleibt, versetzt sich der Mensch tendenziell schneller selbst in Spannung oder kreiert eine äußere Situation, die Spannung herbeiführt.

Beispiel:

• *Die unerwünschte Beziehung*
Eine junge Frau und ein junger Mann verlieben sich ineinander. Sie teilen ihr Glück mit ihren Familien. Doch leider wird ihre Liebe dort nicht akzeptiert.
Die Eltern der jungen Frau finden, ihr Freund sei niemand, mit dem sie glücklich werde. Er passe nicht zu ihr. Ähnlich tönt es vonseiten der Familie des jungen Mannes. Ihre Liebe zueinander ist aber so stark, dass sie sich von nichts aus der Bahn werfen lassen. So lehnen sie sich gegen die Stimmen von außen auf und halten im Kern noch stärker zusammen. Sie meiden jegliche Art Familienfeiern und isolieren sich in einem gewissen Maße. Sie ärgern sich über die destruktiven Stimmen von außen und haben auch keinerlei Verständnis für das schlechte Gerede. Doch als dieses Gerede nach einigen Jahren

nachlässt, der Freund von ihrer Familie angenommen wird, sie als seine zweite, bessere Hälfte von seiner Familie angenommen wird, und die natürlichen Feinde auf einmal wegfallen, scheint die Idylle endlich ihren Platz gefunden zu haben. Jedoch täuscht diese trügerische Idylle. Denn das Liebespaar kommt auf einmal mit dieser vollkommenen Harmonie innen wie außen nicht mehr zurecht. Sie sind die Harmonie nicht gewöhnt, und ihre Beziehung ist auch nicht auf dem Fundament der äußeren Harmonie entstanden. Der Druck von außen, durch das schlechte Gerede, lässt nach. Auf einmal fehlt ihnen der Zusammenhalt, weil sie beginnen, sich gegenseitig zum Feindbild zu machen. Da kein Feindbild im außen mehr ersichtlich ist.

Die Beziehung zerbricht. Die Harmonie war der sehnlichste Wunsch – doch als sie plötzlich da war, schlug das Herz der beiden eben nur noch harmonisch und nicht mehr lebhaft.

Mediziner wissen: Jedes Herz schlägt hier und da mal etwas schneller, etwas langsamer – macht zwischen den Schlägen mal etwas mehr Pause, mal etwas weniger. Man nennt es die Herzratenvariabilität. Ein lebhaftes Herz ist ein gesundes Herz. Doch Menschen, die depressiv oder dem Tod nahe sind, weisen fast keine Herzratenvariabilität auf. Ein monotoner Herzschlag ist folglich die Arbeit eines nicht belebten Herzens.

Eine monotone Beziehung, die keinen Druck von außen hat,

ist nicht immer die erfüllteste Beziehung. Beziehungen, über die schlecht geredet wird, halten tendenziell zusammen. Es sei denn, die Person, die von der Beziehung nichts hält, ist eine sehr wichtige Person für die Partnerin oder den Partner. Aber generell lässt sich grundsätzlich sagen, dass natürliche Feinde die Beziehung am Leben erhalten. Sobald diese natürlichen Feinde wegfallen, fällt auch der Druck von außen weg. Aber da unser Leben aus Polarität besteht und ein Übermaß an Harmonie von vielen selten verkraftet wird, beginnen diese Partner auf einmal, sich innerhalb der Beziehungen gegenseitig anzufeinden. Die Beziehung löst sich auf, weil sie nicht mehr von den Anfeindungen von außen in einer Form gehalten wird.

Natürliche Feinde haben also folgende positive Auswirkungen auf dich:

- Sie beleben deinen Alltag.
- Sie halten dich, deine Beziehung oder dein Team in Form (stärkerer innerer Zusammenhalt).
- Sie verhelfen dir, das Leben und die positiven Momente noch mehr zu schätzen.
- Sie stärken durch ihre Kritik deine Perfektion – sie machen dich besser.
- Sie stärken deinen Zusammenhalt mit anderen Menschen, die dir helfen, und fördern damit das Gefühl, bedingungslos geliebt zu werden.

Wenn du also einen Feind hast, so sei ihm dankbar. Aber lass ihn das nicht wissen. Denn es könnte ja sein, dass seine Abwesenheit deinen Seelenfrieden stört.

Sippenbildung

Der Mensch ist ein soziales Wesen, was bedeutet, dass er besonders in der Horde überlebensfähig ist. Sobald der Mensch ausgestoßen wird, ist er leichte Beute für seine natürlichen Feinde. Also ist eines der übergeordneten Ziele des Menschen, Teil seiner Sippe zu bleiben und Sicherheit in der Sippe zu finden.

Aus diesem Grund glaubt der Mensch, dass ihm schlechtes Gerede dabei helfe, seine maßgebende Position in der Sippe zu verdeutlichen. Der Mensch glaubt, sein Platz in der Sippe wäre ihm sicherer, wenn er ihr vermittelt, wer von außerhalb für die Sippe eine Gefahr für alle darstellen könnte. Jedes neue Sippenmitglied könnte den Frieden innerhalb der Sippe gefährden und somit auch den Platz des Menschen, der sich Sorgen macht, mit Neulingen die Sippe zu gefährden.

Also wird der Mensch nur von jenen Anwärterinnen und Anwärtern gut reden, die als Teil der Sippe den Status seiner Rolle unterstützen. Andere, die ihm seinen Platz streitig machen könnten, sind für ihn eine Gefahr. Deshalb tut er sich auch leicht, sich schlecht über diese potenziellen Anwärterinnen und Anwärter zu äußern, damit die Sippe diese von der kollektiven Meinung abschirmt.

Wir können dieses Phänomen beim zivilisierten Menschen besonders in Arbeitsteams gut beobachten. Wenn sich eine potenzielle neue Mitarbeiterin oder ein potenziell neuer Mitarbeiter bewirbt und jemandem aus dem Team Konkurrenz machen könnte, so wird diese Bewerberin oder der Bewerber von dem ängstlichen Teammitglied schlechtgeredet, weil sie oder er dem Teammitglied den Platz streitig machen könnte.

Der Mensch neigt also dazu, schlecht über andere zu reden, sobald er Angst um seine Position in der Sippe hat. Dies ist auch der Grund, weshalb Menschen per se gerne über andere Menschen reden. Während des Lästerns werden die Werte der Gruppe nochmals gemeinsam kommuniziert. Die Lästerei ist folglich ein Mittel zum Zweck: Sie dient der Vergewisserung, Teil der Sippe zu bleiben, weil durch das Lästern klar wird, dass die Grundwerte für alle Mitglieder dieselben sind.

Vielleicht leuchtet nun auch ein, weshalb Klatsch-Magazine überhaupt funktionieren: Weil sie eben genau diesen Teil des Gehirns bedienen, der einen um den eigenen Platz in der Sippe fürchten lässt. Solange alle über dasselbe lästern, kann man sich sicher sein, Teil der Sippe zu sein. Man hat ja dieselben Feindbilder, dieselben Lieblinge und dieselben Werte.

Beispiel:

- *Der Sündenbock*
  Schnell wird uns bewusst, weshalb es in der Gesellschaft im einundzwanzigsten Jahrhundert immer noch das Phänomen eines Sündenbocks gibt: Er dient den anderen dazu, sich sicher darin zu bleiben, zu der Horde zu gehören. Der Sündenbock ist die Zielscheibe der Gesellschaft. Lapidares Fehlverhalten, Äußerungen oder schlechte Ma-

nieren von ihm werden hochgeschaukelt. Die Sündenbö-
cke werden von anderen für die Bestätigung der eigenen
Sicherheit innerhalb der Sippe missbraucht, weil man
denselben Menschen ablehnt, den alle anderen auch ablehnen, und nun das Gefühl hat, dank dieser Meinung
eine Gemeinschaft um sich zu haben.

Im Grunde sind jene Menschen, welche die Zielscheiben
der Gesellschaft sind, selbst meist selbstsicherer als diejenigen, die ständig auf die Zielscheibe schießen. Diese
müssen schließlich damit umgehen, dass die anderen
unsicheren Hordentiere sie für ihre Gewissheit, Teil der
Horde zu bleiben, missbrauchen.

Zu einem gewissen Teil liegt es in der Natur des Menschen, sich
auch mit den Werten anderer zu befassen und festzustellen, ob
diese Werte mit den eigenen übereinstimmen. Nur sollte sich der
Mensch Grundsatzfragen stellen:

- Ist das wirklich meine Sippe?
- Ist das wirklich die Sippe, in der ich mich selbst entfalten kann?
- Ist das wirklich die Sippe, in der ich selbst sein kann?

Man tut sich selbst etwas Gutes, wenn man dem schlechten Gerede
über den gesellschaftlichen Sündenbock nicht Folge leistet. Früher
oder später wird dieses Kartenhaus zusammenfallen. Spätestens
dann, wenn der Mensch der Sippe seine tatsächlichen Werte nicht
mehr verheimlichen kann. Dann wird er der neue Sündenbock

der Sippe und ist schneller weg, als er einen neuen Sündenbock erschaffen kann.

Auch wenn es »zum guten Ton« gehört, sich über gewisse Menschen auszulassen, solltest du dir immer die Fragen stellen:

- Ist dem wirklich so?
- Gehört es auch zu deinen Werten, dich über diese Person negativ zu äußern?
- Kennst du diesen Menschen überhaupt, oder kennst du nur sein Abbild?
- Entspricht es wirklich deinem Naturell, dich überhaupt über andere schlecht auszulassen?

Diese Fragen sind bedeutsam.

Weshalb du unbesiegbar bist!

- Können andere Menschen mit ihrem schlechten Gerede deinen Ruf in der Nachbarschaft zerstören?
- Können sie deine Karriere zerstören?
- Können sie deine Beziehung zum Brechen bringen?

Die Antwort auf all diese Fragen lautet: Vielleicht.

Aber etwas können sie nie: deinen Wert als Mensch und deinen wahren Ruf zerstören.

Denn ja, es gibt einen wahren und einen unwahren Ruf.

Der *unwahre Ruf* ist der, den andere Menschen über dich verbreiten. Dies sind Menschen, die dich nicht kennen. Menschen, die sich ihr eigenes Bild von dir machen und dieses dir fremde Bild weitergeben. Es ist der Ruf von dir, den du selbst noch gar nicht kennst. Geschichten, die von dir erzählt werden, die du selbst noch nie gehört hast. Es ist der unwahre Ruf.

Der *wahre Ruf* ist der, in dem du dich selbst auch wiederfindest. Es ist ein Abbild von dir, das du täglich verkörperst und von dem du der Meinung bist, dass es deine Werte widerspiegelt.

Nur du allein kennst deine wahren Werte. Wertvorstellungen sind tief verankert und verbunden mit deinen Erfahrungswerten und deinen Charaktereigenschaften. Sie stellen klar, was du als besonders wertvoll erachtest und was nicht.

Nun ist das Spannende, dass du die besten Werte in dir tragen und trotzdem einen unwahren Ruf haben kannst. Denn es ist nicht möglich, dass du diese Werte allen Menschen, die dir im Leben begegnen, fühlbar bewusst machen kannst.

Beispiele:

Wert: Wir sind da, um einander zu helfen.
Wahrer Ruf: Du hilfst selbstlos anderen Menschen oder Tieren. Du hast ein großes Herz.
Unwahrer Ruf: Du willst dich nur mit diesen Taten brüsten und sehnst dich nach Anerkennung.

Wert: Treue gehört zum Wichtigsten in Beziehungen.
Wahrer Ruf: Du bist in deinen Beziehungen treu und aufrichtig.
Unwahrer Ruf: Genau die, bei denen jedes zweite Wort »treu« ist, haben meist etwas zu verbergen.

Wert: Ehrlichkeit steht über allem
Wahrer Ruf: Du bist immer zu allen aufrichtig, ehrlich und transparent. Du sagst es auch ganz ehrlich, wenn du deine Meinung in einer bestimmten Hinsicht zwischenzeitlich geändert hast.
Unwahrer Ruf: Von allen erwartet er Ehrlichkeit, aber selbst widerspricht er sich in allen Belangen!

Diese Beispiele verdeutlichen, dass es ein Naturgesetz ist, dass du es mit deinen Werten niemals allen Menschen recht machen kannst. Ganz egal, welch schöne Werte du hast, es wird immer Menschen geben, die dir deine eigenen Werte streitig machen wollen.

Selbst Menschen, die einer Friedensbewegung folgen oder diese initiieren, werden falsch verstanden und haben somit Feinde. Jede prominente Persönlichkeit hat Feinde. Jeder Mediziner hat Feinde. Jeder Pharmakonzern hat Feinde. Jede Richterin hat Feinde. Jeder Anwalt hat Feinde. Egal, welchen Beruf du ausübst: Es wird nie den Beruf geben, den alle spitze finden. Jeder Beruf hat einen wahren und unwahren Ruf. Jede Persönlichkeit der Öffentlichkeit hat einen unwahren und wahren Ruf. Schlicht und ergreifend hat jedes Lebewesen auf diesem Planeten einen wahren und unwahren Ruf. Man beachte die Bakterien, die grundsätzlich als eklig und gefährlich gelten, doch ohne sie wäre kein Leben möglich. Jeder Mensch trägt bis zu zwei Kilogramm Bakterien in sich, die sein Überleben überhaupt erst möglich machen.

Und so hat jedes Lebewesen, jedes Tier und auch jeder Mensch einen falschen Ruf – einen unwahren Ruf.

• Doch bist du dein Ruf?
• Und wenn ja, welcher? Der wahre oder der unwahre?

Die Antwort lautet: Du bist nicht dein Ruf. Du bist du. Du bist unabhängig von irgendeinem Ruf. Denn ein Ruf ist immer abhängig von einem Betrachter. Und dieser Betrachter hat persönliche Werte. Diese Werte können mit deinen übereinstimmen oder eben nicht. Außerdem kann dieser Betrachter auch individuelle Empfindlichkeiten haben, die du niemals alle kennen und berücksichtigen kannst.

Wenn dein Ruf für dich nicht stimmig ist, so machst du definitiv etwas falsch: Du umgibst dich mit den falschen Menschen. Denn letztendlich zählt nicht, ob du einen guten Ruf hast. Denn diesen hast du, wenn du unter denjenigen Menschen bist, die dich achten, lieben und wertschätzen wie du bist. Immer dann, wenn für dich dein Ruf nicht stimmt, so hast du die Gewissheit, dass du dich mit den falschen Menschen umgibst.

Für jeden Menschen gibt es andere Menschen, die ihn lieben, achten und wertschätzen, wie er ist. Wenn dein Ruf nicht stimmt, so hast du entweder falsch kommuniziert und deine wahren Werte nicht mitgeteilt, oder du hast die falsche Zielgruppe.

Beantworte also für dich folgende Fragen, um deinen Erfolg in Zusammenhang mit deinen inneren Werten klarer zu definieren:

- Welches sind deine inneren Werte? Wofür lebst du? Wofür brennst du?
- Kommunizierst du deine inneren Werte proaktiv? Ja oder Nein?
- Kommst du mit diesen inneren Werten bei deinem Umfeld/ in deiner Zielgruppe gut an? Ja oder Nein?

Wenn bei den letzten beiden Fragen nicht an beiden Stellen ein deutliches »Ja« erfolgt, so weißt du, dass du entweder deine wahren Werte noch nicht ausführlich genug kommuniziert hast oder dass du schlichtweg die falsche Zielgruppe hast.

In der richtigen Zielgruppe ist ein unwahrer Ruf gar nicht möglich, weil dieselbe Energie, dieselbe Einstellung und dieselben Werte gelebt und zelebriert werden.

Mach dir bewusst, welchen Menschen du deine Zeit schenkst, und wenn diese deine Positivität nicht erkennen, so erkennen sie auch dich nicht. Du bist inmitten der richtigen Menschen unbesiegbar!

Versuche niemals, die Liebe für dich zu erarbeiten. Denn dann ist es keine Liebe, sondern eine Anerkennung.

In dubio pro reo –
Im Zweifel für den Angeklagten

Du kennst es: Jemand wird von jemandem getadelt, stark kritisiert oder sogar gerügt. Obwohl du keine näheren Informationen über den Sachverhalt hast: Für wen ergreifst du innerlich Partei? Richtig: Für den, der gerügt wird. Doch weshalb?

Wenn sich zwei Menschen streiten und ein dritter das Ganze aus einer beobachtenden Perspektive miterlebt, so ist die menschliche Tendenz ganz klar jene, sich für den vermeintlich Schwächeren einzusetzen, da dieser womöglich aus einem der folgenden Gründe getadelt wird:

- Er steht zu wenig für sich ein, weil er dem Gegenüber etwas Gutes tun will.
- Er ist harmoniebedürftig und lässt sich der Harmonie zuliebe zu viel gefallen.
- Er will nicht streiten, weil ihn Konflikte in der Vergangenheit geprägt haben.
- Er weiß, dass Widerstand zwecklos ist, weil sein Gegenüber kein Maß an den Tag legt.
- Er kann den Erwartungen des Gegenübers nicht gerecht werden, weil diese Erwartungen unverhältnismäßig sind.

Mit diesen Gründen, oder mindestens einem davon, können wir uns sicher alle identifizieren. Denn jeder von uns, der sich für solche feinfühligen Themen interessiert, hat eine höhere Affinität zu Themen wie Harmonie, Erwartungen oder Wohlwollen. Folglich können wir diese emotionalen Gründe auch nachvollziehen und uns sehr schnell in denjenigen hineinversetzen, der kritisiert, getadelt oder gar gerügt wird. Wir können uns mit ihr oder ihm identifizieren.

Dadurch ergreifen wir innerlich schnell Partei für Menschen, die gerügt werden. Was dann sogar bewirken kann, dass wir für diesen Menschen, der öffentlich gerügt wird, noch mehr Sympathie aufbringen, als wir es zuvor taten. Weil wir uns mit ihr oder ihm zu identifizieren beginnen.

Die Gründe dafür sind ähnliche Erfahrungen, die wir selbst gemacht haben. In Situationen, in denen man uns stark kritisierte. Oder in Situationen, in denen wir sogar zu Unrecht gerügt oder getadelt wurden, obwohl wir immer nur eine gute Absicht hatten. Folglich spielen eigene, vergleichbare Erfahrungen eine Rolle, die für uns prägend waren. Prägungen, die uns das Gefühl gaben, nicht genügt zu haben. Oder vielleicht sogar länger anhaltende Erfahrungen aus einer Zeit, in der wir es jemandem lange nicht recht machen konnten. Oder die Erinnerung daran, wie verletzend es sich anfühlte, öffentlich getadelt oder kritisiert zu werden.

Es kommt dem Kritisierten zugute, dass unser Unterbewusstsein durch das Beobachten einer solchen Situation an die eigene Vergangenheit erinnert wird. Durch die Identifikation, die stattfindet, wirkt es auf den Beobachtenden eigentherapeutisch, für den Gerügten einstehen zu können und diesen in Schutz nehmen zu können. Wenn wir ihr oder ihm helfen, so wirkt das auf unser Unterbewusstsein so, als würden wir zu einem gewissen Teil auch uns selbst helfen.

Beurteilen wir unter dieser Berücksichtigung Interviews, in denen der Moderator den Gast an den Pranger stellen will, so scheint dies für den Interviewenden oder für den Sender in erster Linie ein Akt der Vergeltung zu sein. Selbstjustiz. Das Gegenüber öffentlich bloßzustellen. Doch diese Strategie ist im Grunde genommen im Hinblick auf die Absicht des Moderators ziemlich kontraproduktiv, denn die Zuschauer werden in erster Linie Partei für denjenigen ergreifen, den man bloßzustellen versucht. Der Zuschauer will helfen. Und wenn der Talkmaster dazu noch besonders kalt, heimtückisch oder sogar berechnend wirkt, so kommt dies demjenigen, der an den Pranger gestellt werden soll, sogar besonders zugute.

Einzig derjenige Zuschauer, welcher ähnliche Erfahrungen mit der kritisierten Person gemacht hat, wird sich innerlich auf die Seite des Talkmasters stellen. Dies aber nur, weil sein Unterbewusstsein sich schon lange nach Vergeltung sehnt und einen Teil dieser unterdrückten Wut durch das Verhalten des Talkmasters herauslassen kann.

Doch diese Zuschauer sind die deutliche Minderheit. Es sei denn, es betrifft eine Sache, die so gut wie jede oder jeden etwas angeht. Beispielsweise, wenn es bei dem Kritisierten um veruntreute Steuergelder geht oder um einen anderen Umstand, von dem sich fast jeder betroffen fühlt. Doch solche Dinge sind derart selten, weil sie schlichtweg so gut wie unmöglich sind. Wir haben das mit der Corona-Pandemie 2020 erlebt: Selbst dann, wenn eine Pandemie den gesamten Planeten betrifft, gibt es stets unterschiedliche Meinungen – und eine Nachricht wird von den Menschen unterschiedlich aufgenommen und interpretiert.

Die Erkenntnis, mit der wir uns gerade befasst haben, betrifft einen beobachtbaren Streit – respektive eine beobachtbare Kritik oder Rüge.

Doch wie verhält es sich mit dem geschriebenen Wort?

Was, wenn ein vermeintlich destruktiver Zeitungsbericht über einen Menschen geschrieben wird und du diesen Menschen kennst? Was geschieht dann gedanklich in dir?

Und was geschieht, wenn du diesen Menschen noch gar nicht kennst?

Wenn du den Menschen oder das Unternehmen, über den oder das geschrieben wird, noch nicht kennst:

Interessierst du dich für einen Menschen – beispielsweise einen Sänger oder einen Schauspieler –, von dem du persönlich vorher noch nichts gehört hast, so kann ein Bericht über diesen Menschen tendenziell zu folgendem geistigen unbewussten oder bewussten Prozess führen:

1. Dein Interesse an diesem Menschen steigt, weil dieser offensichtlich etwas bewegt, was in anderen Menschen zu potenziellem Mangeldenken führen kann: Neid, Eifersucht, Missgunst. Ein Mensch, der diese Art von Denken auslöst, wirkt in erster Linie attraktiv. Attraktiv kommt aus dem Lateinischen von *attrahere* für heranziehen. Die Leserschaft wird also an ihn herangezogen.

2. Die veröffentlichte Meinung will von der Leserschaft verifiziert oder falsifiziert werden. Das heißt, die Auseinandersetzung mit diesem Menschen intensiviert sich so lange, bis die geschriebene Meinung innerlich bestätigt oder widerlegt wurde.

3. Es entsteht ein Filterprinzip:

Entweder –

- die Leserschaft findet in der nun gegebenen Auseinandersetzung mit diesem Musiker oder Schauspieler einige positive Aspekte. Der Bericht wird schnell vergessen – und das Unterbewusstsein falsifiziert den Bericht. Das heißt, es erklärt den Bericht als ungültig oder als zu subjektiv.

oder –

- die Leserschaft kann zu dieser Person keine persönliche Verbindung herstellen oder hat schon ähnliche Erlebnisse mit einem ähnlichen Menschen in der eigenen Vergangenheit gehabt. Dem Bericht wird recht gegeben, und es entsteht kein näherer innerer Kontakt zu dem Sänger oder Schauspieler. Im privaten Bereich wäre hier jegliche Form von Kontakt ohnehin – chemisch gesehen – nicht optimal gewesen. Der Grund dafür sind die eigenen bestehenden Prägungen, die zu Vorurteilen führen – selbst dann, wenn der beschriebene Mensch ein sehr angenehmer ist. Das Verhältnis zueinander würde dann meist sowieso zu einer komplizierten, fordernden oder anderswie unangenehmen Beziehung führen. Der Kritisierte darf also froh sein um diesen Filter, der die unangenehmen Gefährten von Vornherein aussortiert.

Zusammenfassung:
Wenn über einen Menschen, über eine Gruppe oder über eine Firma schlecht geschrieben wird, so

- trennt die Art des Berichtes die angenehme Klientel von der unangenehmen.

Der Bericht fungiert dann als hilfreicher Filter, der vorab sicherstellt, dass wirklich nur die Kunden durch den Filter hindurchkommen, welche den Menschen, die Gruppe oder die Firma positiv antreiben, stützen und stärken.

Viele Firmen schaffen sich bereits selbst einen vergleichbaren Filter. Diese Firmen sind meist sehr erfolgreich, weil sie ihre Energie nicht für schwierige Kunden einsetzen müssen, sondern diese Energien produktiv zum Gemeinwohl einsetzen können.

Wenn du den Menschen oder das Unternehmen, über den oder das geschrieben wird, schon kennst:

- Wenn du den Menschen, die Gruppe oder die Firma, die an den Pranger gestellt wird, schon kennst und du mit ihnen bisher zufrieden warst, so wird ein subjektiver Bericht meist schon im Vorfeld von dir falsifiziert. Das heißt, noch während du dich mit dem Text befasst, ist dein positives Urteil – im Zweifel für den Angeklagten – bereits gefällt.
- War deine eigene Erfahrung mit dieser Person, Gruppe oder Firma hingegen eine negative, so wird der Bericht dazu beitragen, deiner Unzufriedenheit Bestätigung zu verleihen. Spannend ist, dass es sogar Kunden geben kann, die dadurch – mit der indirekten Vergeltung über den Bericht – wieder ihren inneren Frieden finden. Und dann sind diese meist mit dieser

Person, mit der Gruppe oder dem Unternehmen wieder im Reinen und wieder bereit für einen Neuanfang. Bisherige Unzulänglichkeiten werden verziehen, und der Kontakt wird wiederhergestellt. Weil die ursprüngliche Anziehung stärker ist als Unzufriedenheit. Diese gibt es in jeder Beziehung – so auch in Liebesbeziehungen oder in Arbeitsverhältnissen.

Zusammenfassung:
Wenn du also den Menschen, die Gruppe oder die Firma schon kennst, so ist ein negativer Bericht
• lediglich Verstärker:
Entweder er verstärkt die Fürsprache und Zufriedenheit, oder er verstärkt die Unzufriedenheit und ermöglicht einen möglichen neuen Anlauf.

Wenn wir dieses Grundkonzept mit unserem kollektiven Alltag abgleichen, fällt uns auf, wie wahr dies sein muss: Man bedenke, welcher Mensch vor seiner Wahl zum Präsidenten der wohl umstrittendste Mensch dieser Welt war – und doch wurde er zum Präsidenten gewählt. Es verdeutlicht, dass derjenige, der kritisiert, getadelt oder gerügt wird, zwar die Zielscheibe ist. Doch die Energie strömt stets in Richtung dieser Zielscheibe. Dort ist die Aufmerksamkeit. Es entsteht ein Sog. Die Energie strömt vom Kritisierenden weg und hin zu dem, der kritisiert wird. Und Energie ist eine Form von Liebe.

Es gibt ein Grundgesetz aus der Transaktionsanalyse, das lautet, dass dem Menschen negative Strokes lieber sind als gar keine. Strokes sind Zeichen der Aufmerksamkeit. Wie Streicheleinheiten. Der Mensch sehnt sich nach Aufmerksamkeit – in irgendeiner

Form. Durch Blicke, Worte, Nachrichten und dergleichen. Doch das Schlimmste für den Menschen ist es, wenn er keine Strokes erhält. Das erkennen wir beispielsweise, wenn ein Kind von den Eltern keine Aufmerksamkeit – keine Strokes – erhält. Diese Kinder tendieren dazu, sich unbeholfen anzustellen, damit sie zumindest auf diese Weise die Aufmerksamkeit der Eltern erhalten. Auch wenn sie dann getadelt werden. Denn getadelt zu werden ist für die menschliche Psyche immerhin ein Zeichen der Aufmerksamkeit. Schlimmer wäre es, ignoriert zu werden. Keine Strokes zu erhalten. Keine Aufmerksamkeit. Keine Energie.

Das heißt, wer jemanden mit schlechtem Gerede bestrafen will, erreicht im Grunde das Gegenteil und gibt dem Ganzen tendenziell sogar Aufwind. Wie bei einem Feuer, das man löschen will, indem man versucht, es auszupusten, statt Wasser darauf zu schütten.

Wenn also jemand schlecht von dir spricht, dich öffentlich kritisiert oder bloßzustellen versucht, dann denke bitte an folgenden Grundsatz: *In dubio pro reo* – Im Zweifel für den Angeklagten.

Das falsche Bündnis

Viele Menschen reden so schlecht über andere, dass sie am liebsten ein Bündnis gegen diesen Menschen erreichen würden. Für den Menschen erscheinen Bündnisse immer in erster Linie positiv. Im Bündnis wagt sich der Mensch viel mehr. Doch wer genauer hinsieht, erkennt, dass ein Bündnis meist mehr Nachteile als Vorteile mit sich bringt.

Doch was ist eigentlich ein Bündnis? Wir reden von einem Bündnis, wenn zwei Menschen ihre Kräfte für ein gemeinsames Ziel bündeln. Es ist ein Zusammenschluss aus gemeinsamen Interessen. In einem Bündnis fühlt sich der Mensch sicher, aufgehoben und verstanden. Das Bündnis scheint ein sicherer Ort zu sein. Doch viele erkennen das Heimtückische an Bündnissen nicht. Denn Bündnisse können selbst geschaufelte Gruben sein, in die man früher oder später reinfällt.

Ich möchte dies an anschaulichen Beispielen erklären.

- *Das Opfer-Bündnis:*
  Zwei Menschen treffen sich zufällig. Sie haben keine näheren Informationen übereinander. Dann aber erzählt einer dem an-

deren von seinem letzten Arbeitgeber, und dass er mit diesem gar nicht zufrieden war. Die beiden tauschen sich aus. Und es stellt sich heraus, dass beide ähnliche Erfahrungen bei demselben Arbeitgeber gemacht haben. Schlagartig entsteht ein Bündnis.

Beide sind erleichtert, endlich einen Gleichgesinnten getroffen zu haben, der diese Problematik voll und ganz verstehen kann. Die beiden lästern, was das Zeug hält. Gemeinsam steigern sie sich in die Sache rein. Sie wünschen sich Vergeltung. Doch so weit muss es gar nicht kommen. Es genügt ihnen schon, wenn sie über ihren gemeinsamen Ex-Arbeitgeber herfallen können.

Das fühlt sich in erster Linie gut für sie an. Doch weshalb? Weil beide immer noch in der Opferrolle stecken. Sie fühlen sich von ihrem Ex-Arbeitgeber verletzt. Und sie haben es immer noch nicht geschafft, aus der Opferrolle auszusteigen. Deshalb fühlt es sich für sie gut an, wenn sie sich verbünden. So fühlen sie sich endlich stark.

Was dies im Unterbewussten bewirkt, ist mit den drei tiefsten Ängsten des Menschen ganz einfach zu erklären:
- Angst, nicht zu genügen,
- Angst, keine Kontrolle zu haben und
- Angst, allein zu sein.

Diese drei Ängste hat der Ex-Arbeitgeber in den beiden getriggert.

Sein Verhalten hat ihnen das Gefühl gegeben, die Situation nicht kontrollieren zu können. So beispielsweise im Falle einer Kündigung vom Arbeitgeber. Es kam die Angst auf, dem Arbeitgeber nicht genügt zu haben. Danach das Gefühl, allein zu sein. Beide waren nicht mehr in das Team eingebunden, sondern auf sich allein gestellt. Folglich lösen sich in ihrem Bündnis alle drei Ängste auf. Denn gemeinsam geben sie einander das Gefühl der Kontrolle, zu genügen und nicht mehr allein zu sein. Gemeinsam sind sie stark.

- Das Problem an dieser Form von Beziehung ist, dass sie auf der Linderung der Angst basiert. Es ist eine »Balsam-Beziehung«, wie ich sie nenne. Die Beziehung oder Freundschaft zueinander ist Balsam für ihre Verletzungen. Doch das Problem ist, dass sich die beiden außerhalb der Opferrolle nicht gefunden hätten. Sie verstehen sich nur deshalb, weil sie sich gegenseitig aufmuntern können. Das heißt, sie sind sich gegenseitig in der Opferrolle begegnet. Sie haben einander also gegenseitig in der Opferrolle wahrgenommen. Das scheint zu funktionieren. Sobald einer von beiden nicht mehr in der Opferrolle sein mag, entsteht ein Konflikt zwischen ihnen. Dann nämlich kommt im anderen ein innerer Widerstand auf, weil dieser sein Gegenüber in dessen neuer Rolle nicht mehr wiedererkennt. Dann entstehen Aussagen wie: »Du hast dich so verändert!« oder »Ich habe dich anfangs ganz anders eingeschätzt!«

Natürlich war die Einschätzung anfangs eine andere, denn die erste Begegnung fand ja auf der Opfer-Ebene statt. Und wenn wir Menschen zueinander eine bestimmte Rolle einnehmen, dann festigen sich diese Rollen mit der Zeit, als würde man etwas mit Flüssigkleber zusammenkleben. Je länger es genau in dieser Position bleibt, desto mehr härtet es ein und desto schwieriger wird es, dies wieder zu lösen. Und wenn es sich löst, dann muss es dafür meist zerbrechen.

Wenn zwei Menschen schlecht über dich reden und sich verbünden, so sei gewiss, dass sie sich keinen Gefallen tun. Ihr Bündnis ist nur so lange von Dauer, wie sie in denselben Rollen bleiben. Andernfalls zerbricht es früher oder später ganz von selbst.

- *Das Selbstsicherheits-Bündnis:*
Alle Menschen haben in der Kindheit schwierige Situationen erlebt. Diese Situationen können tiefere oder weniger tiefe Wunden hinterlassen haben. Diese Wunden können an bestimmte Dinge gebunden sein, die dann als sogenannte Trigger fungieren. Das heißt, wenn beispielsweise ein Mädchen von seiner Mutter immer ablehnend oder kalt behandelt wurde, so können andere Frauen in diesem Mädchen die Angst triggern, nicht zu genügen oder nicht geliebt zu werden. Vielleicht hatte dieses Mädchen einen liebenswerten Vater, der das Mädchen immer in Schutz nahm. Und vielleicht sucht sich dieses Mädchen, als inzwischen erwachsene Frau, einen Mann, der für ihr Unterbewusstsein den Vater verkörpert, der sie in Schutz nimmt.

Ihr Mann ist dann im Grunde genommen ihr Vater, der sie damals in Schutz nahm und ihr Wärme gab. Aber sie empfindet für ihn keine Liebe, sondern bloß das Gefühl der Sicherheit. Dieses Bündnis, von dem eigentlich nur sie selbst etwas spürt - und dies vielleicht nicht mal bewusst, sondern nur unterbewusst - fühlt sich für sie richtig gut an.

- Doch es birgt mehrere Probleme.
Das eine Problem ist, dass es keine echte Beziehung ist, sondern eine Beziehung der Sicherheit: ein Bündnis. Sie findet

dort nicht die Liebe, die man sich in einer Beziehung wirklich wünscht. Dies wird zu Konflikten führen, und sie wird sich früher oder später danach sehnen, einen Mann an ihrer Seite zu haben, bei dem sie Schmetterlinge im Bauch verspürt.

Das zweite Problem ist, dass sie ihren Mann nie vollständig als eigenständiges Individuum erkennen kann. Denn ihr Unterbewusstsein sieht immer zu einem gewissen Teil ihren Vater – und nicht ihren Mann.

Und das dritte Problem ist, dass er ihren Schutz, ihre Sicherheit und sogar ihre Selbstsicherheit verkörpert. Er ist eine sogenannte externe Ressource. Sie fühlt sich selbstsicher, aber nur, wenn er dabei ist. Ist er es nicht, wird sie unsicher und zieht ihn bei jeder denkbaren Situation hinzu. Ihre Beziehung ist eine, die darauf basiert, dass er ihr Sicherheit gibt. Das heißt, sie fühlt sich selbst nur sicher, wenn er bei ihr ist. Es ist ein Selbstsicherheits-Bündnis. Wenn jemand in einem solchen Selbstsicherheitsbündnis schlecht von dir redet, so ist dies meist ein Ausdruck ihrer oder seiner Opferrolle, die zu bewältigen derjenige seinen »Selbstsicherheits-Menschen« braucht. Sei verständnisvoll und verstehe, dass nicht jeder so viel Selbstsicherheit haben kann wie du.

Hätte jener Mensch nicht jemanden für seine Selbstsicherheit an der Seite, so müsste derjenige selbst lernen, sich Sicherheit zu erarbeiten. Ist jener Halt nicht oder nicht mehr da, dann fehlt dem Menschen jegliche Grundlage der Selbstsicherheit. Hätte dieser Mensch gelernt, selbstsicher zu sein, so würde ihm dies früher oder später dienlich sein.

- *Das getarnte Bündnis:*
  Stell dir vor, du triffst einen Menschen, der über eine euch beiden bekannte Person schlecht redet. Zwar kennst du diese Person, über die dein Gegenüber schlecht redet, aber du kennst sie noch zu wenig, um dir ein genaues Bild von ihr gemacht haben zu können. Du bemerkst allerdings, dass dein Gegenüber über diese Person regelrecht herfällt. Offenbar ist es deinem Gegenüber wichtig, dass du zu dieser Person keinen tieferen Kontakt entwickelst. Du hörst dir das schlechte Gerede zwar an, aber du kannst irgendwie gar keine Stellung dazu nehmen, weil du diesen Menschen zu wenig gut kennst, um dir ein Urteil bilden zu können. Nun fühlt sich das für dein Gegenüber in erster Linie wie Sicherheit an. Weil dein Gegenüber glaubt, dich von vornherein bekehrt zu haben. Es erhofft sich, dass du diese Person, über die gesprochen wurde, vorverurteilst, ohne dass du sie überhaupt näher kennst. Dein Gegenüber wird schnell davon ausgehen, dass auch du nun ein Urteil diesem Menschen gegenüber gefällt hast.

- Dabei kann das pure Gegenteil der Fall sein:
  Erst durch das schlechte Gerede könntest du Interesse für diese Person entwickeln und dich tiefer gehend mit dieser Person auseinandersetzen und positive Aspekte an dieser Person finden wollen, die dich in den Bann ziehen.
  Es kann sein, dass dein Gegenüber dieser Person etwas vorwirft, was man auch dir schon mal vorgeworfen hat. In späterer oder früherer Vergangenheit. So identifizierst du dich sogleich mit diesem Menschen, über den dein Gegenüber schlecht redet. Die Identifikation mit diesem Menschen

führt dann zu einem virtuellen Bündnis mit ihm. Und alles, was dein Gegenüber diesem Menschen vorwirft, tut auch dir weh, weil du dich in diesem Menschen widergespiegelt findest. Du entwickelst also für diesen Menschen, über den dein Gegenüber spricht, automatisch eine Art Sympathie. Und du entwickelst sogleich für dein Gegenüber eine Form von Antipathie. Dein Gegenüber hat sich damit also selbst mehr geschadet als Gutes getan.

- Wenn du die Person, über die dein Gegenüber schlecht redet, jedoch schon kennst und du von dieser eine gute Meinung hast, dein Gegenüber aber versucht, dich mit seiner negativen Haltung dieser Person gegenüber zu bekehren, so ist dies immer eine sehr schwierige Situation. Der positive Grundstein in dir wurde ja bereits gesetzt. Da genügt ein schlechtes Gerede nicht, um ihn zu erschüttern. Redet dein Gegenüber also über jemanden, den du schätzt, wovon dein Gegenüber aber nichts weiß, so kann das schlechte Gerede deinen virtuellen Zusammenhalt mit diesem Menschen stärken. Es hängt davon ab, ob du von deinem Gegenüber auch so gut denkst wie von dem Menschen, um den es geht. Das schlechte Gerede kann nur dann für den Redenden neutral oder sogar in deinem Sinne verlaufen, wenn du von ihm ein besseres Bild hast als von der Person, über die dein Gegenüber spricht.

Du siehst also, dass ein Bündnis lediglich eine Schein-Sicherheit ist. Wer sich auf ein Bündnis verlässt, gibt die Sicherheit an das Bündnis ab und setzt sich schlimmstenfalls sogar selbst in die Nesseln.

Viel sinnvoller ist es, eigenständig zu funktionieren. So sind auch die eigens erarbeiteten Ressourcen wie Selbstsicherheit, Autonomie und Positivität vollkommen echt. Sie sind beständig und widerstandsfähig.

Vertraue nicht einem Bündnis, sondern vertraue dir. Das einzige Bündnis, das du brauchst, ist das mit deiner Seele, mit deinem Gewissen und mit deinem wahren Selbst.

Das Gesetz

Auf der Welt gibt es immer schlechtes Gerede. Tagein, tagaus. Wie weit gewisse Menschen damit gehen können, sich schlecht über dich zu äußern, liegt nicht in deiner Hand. Du kannst nicht beeinflussen, was andere tun. Aber du kannst beeinflussen, wie du damit umgehst und wie du lernen kannst, Kraft aus dem Ganzen zu ziehen und den Umstand vielleicht sogar zu deinen Gunsten zu verwenden. Nach dem Motto: Wenn dir jemand Steine in den Weg legt, so nimm diese dankbar an, und nutze diese Steine, indem du dich wortwörtlich draufstellst und so an Höhe gewinnst und noch weiter sehen kannst.

Wer kann also schlecht über dich reden? Jede und jeder.

Doch es stellt sich die Frage: Kann dir das Aufschwung geben, und wie kannst du das erkennen?

Die andere Frage ist: Darf jemand schlecht über dich reden? Die Antwort lautet: Nein.

Wer schlecht von dir redet, begeht unter Umständen eine Straftat. Das Gesetz will deine Person, deine Ehre und deine Würde schützen. Diesen Schutz bieten die im Strafrecht normierten Ehrverletzungsdelikte und der zivilrechtliche Persönlichkeitsschutz. Im Folgenden beziehe ich mich auf das schweizerische Strafgesetzbuch (StGB) und die dort enthaltenen Ehrverletzungsdelikte, an dem du dich sicherlich auch für die Gesetzgebung deines Landes orientieren kannst. Denn grundsätzlich gilt: Wer schlecht über jemanden redet oder gar Unwahrheiten verbreitet, die das Gegenüber herabwürdigen, macht sich vor dem Gesetz strafbar.

Die Problematik liegt allerdings in der Beweisbarkeit und auch im dazu oft unverhältnismäßig hohen Aufwand, dem nachzugehen. Es bräuchte idealerweise einen schriftlichen Beweis oder eine Zeugenaussage, damit ein Strafurteil ergehen kann. Dies ist bestimmt – und ich denke, ich kann hier für die Mehrheit der Menschen reden – schlichtweg ein zu großer Aufwand. Und vor allem: Es ist die Mühe nicht wert. Denn wer sich die Mühe macht, dem nachzugehen, schafft es vielleicht mit genügend Beweisen, dem Gegenüber einen Denkzettel zu verpassen. Allerdings sind für diesen Denkzettel, der im Inneren der angezeigten Person nicht unbedingt viel bewirken wird, die dafür aufgewendete Zeit und die damit verbundenen Kosten meist ein zu hoher Preis. Es ist dann meist, wie wir alle zu sagen pflegen, schade um die Zeit. Besonders wenn man bedenkt, wie gering das Strafmaß ausfallen könnte. Eine nicht allzu hohe (bei Ersttätern fast immer bedingte) Geldstrafe und ein Eintrag ins Strafregister, wenn überhaupt. Bei Verleumdungen allerdings – siehe unten – kommt, zumindest theoretisch, auch eine Freiheitsstrafe in Betracht.

Vor einem Eintrag ins Strafregister haben die meisten mehr Angst als vor einer Geldstrafe. Denn so ein Eintrag kann bei bestimmten beruflichen Bewerbungen einen erheblichen Nachteil zur Folge haben. Viele, die schlechtreden, wissen aber eigentlich gar nicht, dass ihr Verhalten strafbar ist. Oder sie gehen das Risiko ein. Nur deshalb ist schlechtes Gerede an der Tagesordnung. Und schließlich besteht die Möglichkeit, dass der Täter freigesprochen wird, weil er nachweist oder davon ausgehen durfte, seine Worte entsprächen den Tatsachen – im sogenannten Wahrheits- oder Gutglaubensbeweis, der bei sämtlichen Ehrverletzungsdelikten offensteht.

Du musst wissen, dass ich kein Jura studiert habe, also kein Rechtsexperte bin. Da ich mich jedoch so stark für diese Thematik interessiere, gebe ich dir folgendes Wissen nach Rücksprache mit Fachleuten weiter.

Welches sind die bekanntesten Straftatbestände gem. schweizerischem Strafgesetzbuch?

Die folgenden drei Straftatbestände sollen deine Person, deine Ehre und Würde schützen. Ich werde sie nicht im Sinne der Rechtssprache perfekt erörtern, sondern sie in die Alltagssprache übersetzen.

1. Üble Nachrede:

Der üblen Nachrede nach Art. 173 StGB macht sich strafbar, wer jemanden eines unehrenhaften Verhaltens oder einer anderen Tatsache, die geeignet ist, seinen Ruf zu schädigen, beschuldigt oder verdächtigt. Der Täter kann sich entlasten und bleibt straflos, wenn ihm der sogenannte Wahrheits- oder der Gutglaubensbeweis gelingt. Dies ist der Fall, wenn er nachweisen kann, dass

a) die von ihm vorgebrachten resp. weiterverbreiteten Äußerungen der Wahrheit entsprechen oder b) er ernsthafte Gründe hatte, die vorgebrachten resp. weiterverbreiteten Äußerungen für wahr zu halten.

2. Verleumdung:

Der Verleumdung nach Art. 174 StGB macht sich strafbar, wer Äußerungen nach Art. 173 (üble Nachrede) wider besseres Wissen, also in Kenntnis um deren Unwahrheit, aufstellt oder verbreitet. Ist der Täter planmäßig darauf aus gewesen, den guten Ruf einer Person zu untergraben, so ist die Strafe höher, und die Tat wird von Amtes wegen verfolgt (Offizialdelikt).

3. Beschimpfung:

Eine Beschimpfung im Sinne von Art. 176 StGB liegt vor, wenn der Täter jemanden in anderer Weise als nach Art. 173 oder Art. 174 StGB in der Ehre angreift. Der Straftatbestand der Beschimpfung ist subsidiär, d. h., es greift dann, wenn weder eine üble Nachrede noch eine Verleumdung vorliegen. Dies ist beispielsweise der Fall, wenn die ehrverletzende Äußerung in Form eines Schimpfwortes daherkommt oder direkt gegenüber der betroffenen Person abgegeben wird (und nicht gegenüber Dritten).

Du solltest dir dessen bewusst sein, dass deine Ehre, deine Würde und deine Person vom Gesetz in Schutz genommen werden. Du hast jederzeit das Recht, deine Person mithilfe des Gesetzes zu schützen, wenn du dir etwas nicht gefallen lassen willst. (Die Strafantragsfrist beträgt drei Monate.)

Das könnte insbesondere dann ein ratsamer Schritt sein, wenn die Person dies systematisch tut und in deine Privatsphäre eingreift.

Jedoch muss auch gesagt sein, dass jeder Staat seine eigenen Strafgesetzbücher und somit auch eigene Rechtsgrundlagen und Vorgehensweisen hat.

Wenn wir uns in diesem Buch mit dem schlechten Gerede befassen, dann ist damit gemeint, was wir alle schon mal bei der Arbeit, im Freundeskreis oder im privaten Rahmen erlebt haben. Und in welchem Bereich es dir auch widerfährt, du musst in jedem Fall für dich selbst entscheiden, wie du damit umgehst. In erster Linie ist es für die meisten, die Gerede um ihre Person mitbekommen, verletzend. Doch ich will dir aufzeigen, wie du lernst, dir selbst zu applaudieren, und zwar jedes Mal, wenn jemand schlecht von dir spricht. Ich möchte dir zeigen, dass du keine Gesetzesbücher, Anwälte oder Richter brauchst, um für dich in deinen Frieden zu finden. Sondern dass du den Frieden, die Angstfreiheit und die Liebe bereits in dir trägst und auf deine ganz eigene Weise unverletzbar wirst.

Pathologische Manipulation

Außerhalb der genannten Straftatbestände gibt es eine ganz absurde Form von Manipulation, die ich als pathologisch und deutlich strafbar betrachte. Nämlich jene, bei der ahnungslose Dritte in das schlechte Gerede miteinbezogen werden. Wenn es heißt, die oder der habe »auch gesagt, dass das nicht gut ist!«, *die* oder *der* aber von alledem gar nichts weiß und nur im Rahmen eines schlechten Geredes als vermeintliche Zeugen missbraucht werden.

Menschen, die schlechtreden, benutzen diese Manipulation nur, wenn sie davon ausgehen, dass jener nichtsahnende Dritte bei dem Menschen, demgegenüber schlechtgeredet wird, einen Stein im Brett hat und somit Glaubwürdigkeit genießt. Wer andere Menschen für falsche Aussagen virtuell als »Zeuge« benutzt, um die eigene Glaubwürdigkeit zu steigern, betreibt eine ganz gemeine Form des Lügens. Personen, die eine solche Masche nutzen, lügen nicht nur, sondern sie betrügen und hintergehen nichtsahnende Dritte. Ein solches Verhalten ist ein Anzeichen eines großen Leidensdruckes, der wohl mit dieser Person, die verunglimpft werden sollte, nichts zu tun hat. Sondern eher mit der eigenen Vergangenheit, mit Verletzungen und mit Prägungen. Die Person muss folglich so sehr leiden, dass ein derartiges Lügen ein letzter möglicher Ausweg und somit als Hilfeschrei zu verstehen ist, den aber niemand hören kann.

Diese Lüge wird früher oder später auffliegen, und wenn dies geschieht, ist die verunglimpfte Person deutlich die Sympathie-Gewinnerin.

Mobbing

Mobbing ist eine verletzende Art der Ausgrenzung, die der Mensch oft schon sehr früh erleben muss: im Kindesalter. Als Kind das Gefühl der Ausgrenzung – beispielsweise von anderen Kindern ausgehend – zu erfahren, kann äußerst prägend sein. Denn bis hin in die Adoleszenz sind wir rational nicht besonders stark und können Erlebnisse noch nicht so gut als Ausnahme erkennen. Zum Erkennen bräuchten wir eine extrem ausgeprägte Vernunft, mithilfe derer wir uns selbst erklären könnten, dass dieses Erlebnis der Ausgrenzung einmalig war und wir deshalb keine grundsätzlich übermäßige Angst und damit auch keine schützenden Mechanismen entwickeln müssen.

Als Kinder sind wir also verletzbarer. Wir brauchen die Eltern oder andere fürsorgende Personen in unserem Umfeld, welche uns mit ihrer Vernunft erklären können, dass wir nicht per se ausgegrenzt werden. Und die uns erklären können, dass es die mobbenden Kinder sind, die etwas machen, was nicht richtig ist. Dass wir als Kinder so gut sind wie wir sind. Dass folglich das Problem bei den mobbenden Kindern liegt, und nicht bei uns.

Wenn sich aber niemand mit dem Mobbing eines Kindes befasst oder dessen Schilderungen nicht ernst nimmt, dann kann das langwierige Folgen haben. Die Eltern sollten auf das Kind zugehen und dem Kind erklären, dass es wundervoll ist, so wie es ist. Und dass die anderen Kinder vielleicht damit nicht umgehen können, dass das Kind so wundervoll ist. Die Eltern müssen also fast ein wenig paradox intervenieren: Das heißt, die schlechten Worte, die das Kind gehört hat, explizit mit positiven Gegenargumenten neutralisieren oder damit ins Positive wenden.

Ich wurde in der Schule gemobbt. Wegen meiner roten Haare. Und wegen meiner Sommersprossen. Die Mitschüler haben damals ziemlich gemeine Worte verwendet. Diese Worte hat meine Mutter stets relativiert. Sie hat mir immer und immer wieder gesagt, dass meine Sommersprossen etwas ganz besonders Schönes sind. Und dass die anderen Kinder sich vielleicht auch so schöne rote Haare wünschen, wie ich sie habe. Und weitere, ganz besonders tief gehende Worte, die in meinem Herzen, in mir selbst und in meiner Seele angekommen sind.

Das war keine einfache Zeit, denn kurz vor Schuleintritt musste ich durchleben, was für ein Kind unvorstellbar ist, dass sich mein Vater das Leben nahm. Ich war etwa fünfeinhalb Jahre alt.

Ich bin das jüngste von sieben Kindern. Meine Mutter, die zu dieser Zeit noch gefühlte fünfhundert Prozent arbeitete, hat uns all die Kraft gegeben, um das zu verarbeiten, in der Liebe geborgen zu bleiben und darüber hinwegzukommen.

Bis ich sieben Jahre alt war, litt ich unter Anfällen. Alles hatte damit begonnen, dass ich wie Buddha im Schneidersitz im Mutterleib saß und nicht auf gewohntem Weg zur Welt kommen konnte. Man holte mich per Kaiserschnitt. Meine Nabelschnur hatte sich durch mein Meditieren mehrfach um meinen Hals gewickelt.

Als ich geboren war, fiel auf, dass meine beiden Hüftgelenke ausgekugelt waren, eine sogenannte Hüftdysplasie bei mir vorlag.

Ich musste an beiden Beinen Schienen tragen, damit meine Hüfte wieder eingekugelt werden konnte. Und die Ärzte bemerkten, dass ich hin und wieder einfach so zu atmen aufhörte. Man musste mich immer wieder zum Atmen anregen. Es war im Grunde ein Reanimieren. Ich kam für viele Wochen in einen Überwachungskasten und wurde von Medizinstudenten überwacht. Man wollte mein Schlaf- und Atemverhalten messen. Man konnte nicht verstehen, weshalb ich hin und wieder zu atmen aufhörte. Meine Mutter musste extreme Überzeugungsarbeit leisten, um mich immer wieder mit nach Hause nehmen zu dürfen. Sie ertrug es nicht, dass ich nachts nicht bei ihr sein durfte. Über ein paar Wochen erduldete sie die Anweisungen, dass sie morgens zu einer bestimmten Zeit zu mir kommen und bis spät abends bleiben durfte. Nachdem sie einen Bericht in einem deutschen Magazin gelesen und eine Korrespondenz mit einer Institution in Übersee geführt hatte, organisierte sie einen solchen Überwachungskasten für unser Zuhause. Sie ging zum zuständigen Professor und sagte ihm, dass sie mich jetzt mit nach Hause nehmen würde, weil sie privat einen solchen Überwachungskasten organisiert hätte. Die Ärzte konnten ihr nicht widersprechen.

So musste meine Mutter meinen Geschwistern beibringen, wie sie mich wieder reanimieren sollten, wenn der Kasten mitten in der Nacht Alarm schlug. Das war immer sehr schlimm, so erzählen es alle meine Geschwister noch heute, wenn dieser Alarm losging. Immerhin hieß das, dass ich nicht mehr atmete. An allen Türen hingen Anleitungen aus dem Spital, wie ich zu reanimieren sei. Die letzte Anordnung, auf der Folgendes stand, war für alle die schlimmste: »Sie haben nun alles getan, was in Ihrer Macht stand. Warten Sie, bis der Notarzt eintrifft.«

Mit der Zeit lernte ich zu atmen. Doch in schwierigen Situationen hatte ich immer wieder Atemstillstände. Regelrechte Ohnmachtsanfälle. Ich wurde einfach so bewusstlos. Manchmal für mehrere Minuten. Die Ärzte konnten sich diese Anfälle nicht erklären. Sie nannten es Affektanfälle. Diese Anfälle wurden meist durch Situationen des Frustes ausgelöst. Ich musste zahllose Untersuchungen über mich ergehen lassen. Man konnte sich nicht erklären, weshalb ich teilweise mehr als zwei Dutzend Mal pro Tag ohnmächtig wurde und mehrere Minuten nicht mehr atmete. Man befürchtete, dass ich hirnorganische Schäden davontragen würde. Doch neurologische Tests ergaben sogar das Gegenteil: Ich schloss alle Tests besser ab, als es meinem jeweiligen Alter entsprach. Die Neurologin meinte: »Man könnte meinen, Gabriel habe durch die Anfälle noch Hirnzellen hinzugewonnen, statt welche verloren zu haben.«

Meine Geschwister und meine Mutter erzählen mir noch heute, dass ich in diesen Ohnmachtsmomenten beinah wie leblos wirkte. Für Menschen, die das nicht kannten, war das so furchteinflößend, dass sie den Notarzt rufen wollten und man sie aufklären musste, dass dies in meinem Falle fast normal sei und ich wieder zurückkommen würde. Für meine Mutter war es schlimm, nie zu wissen, ob ich wirklich zurückkäme oder nicht. Die Ärzte bereiteten sie darauf vor, dass jederzeit die Gefahr bestand, dass ich nicht wieder zu mir kam.

Immer, wenn ich aus der Bewusstlosigkeit zurückkam, sagte ich Worte, die niemand verstand. Meine Mutter ist sich bis heute sicher, dass ich zu irgendwelchen Geistwesen gesprochen habe. Aus diesem Grunde ist mir völlig klar, weshalb mich das Thema Hypnose derart angezogen hat: Wenn man Hypnose zum ersten

Mal bei einem Menschen erlebt, hat man das Gefühl, diese Person in hypnotischer Trance sei bewusstlos. Dem ist nicht so. Aber das Gefühl zog mich an, die Kontrolle über das Bewusstsein und das Unterbewusstsein zu gewinnen.

Und genau dies geschieht in der Hypnosetherapie. Mithilfe des Bewusstseins wird das Unterbewusstsein wieder positiv programmiert.

Heute führe ich ein Hypnosetherapie-Institut und bilde international Hypnosetherapeutinnen und -therapeuten für einen nationalen und internationalen Verband aus. Ich bin Präsident des Verbandes Schweizer Hypnosetherapeuten, außerdem Verleger und Inhaber einer Kommunikationsfirma.

Ich halte Vorträge vor ausverkauften Sälen, und meine Bücher konnten den Menschen offenbar so sehr helfen, dass sie zu nationalen Bestsellern wurden.

Heute weiß ich, dass auch mich Mobbing geprägt hat. Aber ich konnte dessen Energie umwandeln. In konnte sie umwandeln in Zielstrebigkeit, Motivation und Mut.

Doch was hat mir den Halt gegeben?

Besonders damals, als ich für die siebte Klasse die Schule wechseln musste, weil in der alten nur bis zur sechsten Klasse unterrichtet wurde, musste ich in der Oberstufe heftiges Mobbing ertragen. Ich war nicht der Einzige, der von einer Gruppe Jungs gemobbt wurde. Aber ich war der Einzige, der sich mit aller Macht zur Wehr setzte.

Ich schrieb einen langen Brief an den Direktor, um ihn über all die Missstände aufzuklären. Doch dann traute ich mich nicht, ihn dem Direktor zu geben. Also nahm ich ihn wieder mit nach Hause, wo ich meiner Mutter erzählte, dass mich der Mut verlassen hatte. Sie tat das, was jede Mutter tun muss. Sie nahm den Brief und schickte ihn mit einem berührenden Begleitschreiben an meinen Schuldirektor.

Ich denke, diese Geschichte soll uns allen verdeutlichen, wie wichtig es für ein Kind ist, den Halt in einer fürsorglichen Person zu finden, wenn es in der Schule gemobbt wird. Denn gerade in den ersten Lebensjahren sind wir besonders empfänglich dafür, falsche Glaubenssätze zu entwickeln.

Glaubenssätze, die in der Schulzeit schon entstehen:
- Nie kann ich den anderen genügen.
- Ich gehöre sowieso nie dazu.
- Es reden sowieso immer alle hinter meinem Rücken schlecht über mich.

Lieber Herr ▓ ▓▓▓▓▓

Ich schreibe Ihnen diesen Brief, um endlich irgendetwas gegen diesen Psycho-Terror zu unternehmen, dem ich täglich ausgesetzt werde. Es handelt sich um die Klasse 9c, des **Sekundarschul- Niveaus.**

Täglich werden eine Klassenkameradin und ich von diversen Klassenmitgliedern "terrorisiert" im psychischen als auch im physischen Bereich.
Wir haben es langsam satt, dass wir uns täglich quälen und demütigen lassen müssen.
Damit Sie sich auch nur im Geringsten Vorstellen können, was wir durchmachen müssen, schreibe ich Ihnen die GENAUEN Worte mancher Mitschüler, die mich und auch Lehrer täglich begleiten. Nicht, dass Sie erschrecken.
Sprüche wie: „Du elender Streber, rutsch nicht auf deinem eigenen Schleim aus!"
Oder: „Du Nuttensohn, mehr schleimen geht nicht mehr!"
Ich weiss, so schlimm hört sich dies noch nicht an, doch meine eine Klassenkameradin, ▓▓▓▓ N., muss, was den psychischen Bereich betrifft noch mehr durchmachen. Solche Sprüche, wie folgende, und noch beliebig weitere muss sich ▓▓▓ fast täglich anhören. T▓▓▓ ▓▓▓▓ „Du verdammte, verfickte Russenschlampe! Wie oft musstest du beim Herrn C▓▓▓▓ blasen, dass er dies durchlassen liess?"(Bezüglich eines Testes, an dem T▓▓▓ ▓▓▓▓ behauptete, dass ▓▓▓ auf das, des Pultnachbarns Blatt gesehen haben solle).
Ihre damalige Reaktion war ein beinahes Weinen.
Ungefähr dasselbe wurde Ihr heute zweimal hintereinander gesagt. Und dies ist aus meiner Sicht, und der Sicht anderer Leute(familiär)ein absoluter Psycho- Terror!

Und nun zum physischen Bereich: Als ich mich vor ungefähr einer Woche, von T▓▓▓ ▓▓▓▓ durch eine milde Beleidigung wehrte, da er mich wieder Streber nannte (zum 10. Mal an diesem Tage) wurde er gleich gewalttätig. Er trat mich öfters und schlug mir ans rechte Ohr, wobei ich übers Wochenende an einem Stechen und schlechteren Hören dieses Ohres leiden musste.
Am vergangenem Mittwoch las ich an der Wandtafel in grosszügiger Schrift ungefähr (ist mir nicht mehr so richtig in der Erinnerung): „Mehr schleimen Gabriel!"
So griff ich gleich nach der Kreide und schrieb darunter: „ Mit freundlichen Grüßen ▓▓▓"
wobei ich gleich das „▓▓▓" wieder durchstrich und es nicht mehr zu lesen war. Etwa zwei Minuten später wurde ich von T▓▓▓ gegen ein Pult gestossen, bevor er mir nochmals voller Kraft an dasselbe Ohr schlug. Die Folgen: Stechen im Innenohr!
Deutlich ist ja: Ich dachte es wäre T▓▓▓ ▓▓▓▓ gewesen, der dies an die Wandtafel schrieb.
Doch da ich mir nicht sicher war, strich ich es ganz durch. Also habe ich ihm nichts angetan.
Und wenn ich es auch gemacht hätte, wäre ein solches Problem nicht mit roher Gewalt zu lösen!
Soviel mal zu meiner Seite.

Nun die Lehrer:
Praktisch nirgends ist der Unterricht so grauenhaft wie beim Herrn ▓▓▓▓.
Wenn ich eine Video- Kamera hätte, würde ich diesen Unterricht gerne aufnehmen. Es ist wirklich nicht zu glauben, was dort geschieht.
Wenn die Schüler(▓▓▓ ▓▓▓, T▓▓▓ ▓▓▓▓, ▓▓▓ ▓▓▓) gerade mal nicht zufrieden sind, schreien Sie Herrn ▓▓▓ auf diese Art an: „Du verdammter Nuttensohn, geh doch und ficke deinen Vater, du mit deinem Schnauz! Halte mal deine „grusigi" Fresse, „▓▓▓"!"
Natürlich ist dies nicht zu überhören.

Tatsache ist: Ich weiss, dass es mich hier nicht betrifft, aber solche niveaulose Schüler sollte man fristlos von der Schule suspendieren. Unter diesen Schülern leiden nicht nur die Lehrer, sondern auch die Schüler. Ich werde nächstes Jahr das Gymnasium besuchen, und möchte meinen dazu notwendigen Lehrstoff. Doch man kommt ja keinen Schritt vorwärts, da man sich immer dieses Geschrei anhören muss!

Aber leider wird ja nichts unternommen.

Es ist abnormal, wenn sich ein Schüler während der Lektion die Augen und Ohren zuhalten muss, nur damit ihn keinen Stift oder keine Papierbällchen ins Auge treffen, oder man geschlagen wird! Und das betrifft regelrecht mich.

Die oben erwähnten Schüler, ▓▓▓ ▓▓▓, ▓▓▓ ▓▓▓, sind Katastrophenfälle. Es gibt noch weitere schlimme Fälle, doch diese kann man in die Stufe „Mittel" einordnen.
Zu diesen noch ▓▓▓ ▓▓▓ und ▓▓▓ ▓▓▓ gehören, der übrigens Herrn ▓▓▓ seine Kaugummis, frisch aus dem Mund, anwirft. Somit wir etwa 10 Kaugummis in unserem Klassenzimmer haben.

Ich kann Ihnen nur sagen: Jeder Tag eine Katastrophe!

Ich fürchte mich schon von der Schule.
Fast jeden Tag komme ich nach Hause und habe wieder irgendwelche neue Schmerzen.

Im Winter warfen mir zwei verschiedene Schüler EISbälle ins Auge. Und dies im Verlaufe einer Woche. Der erste EISball kam nicht so schnell, und daher hatte ich nur Schmerzen. Doch der darauf folgende EISball kam so stark, dass ich Kratzer auf der Hornhaut des rechten Auges hatte. Der Augenarzt befürchtete, dass ich, da mein Auge einen so starken EISball aufhalten musste, sogar Risse in der Netzhaut habe. Dies würde zu einer späteren Blindheit auf diesem Auge führen! Doch es waren zum Glück keine Risse zu finden. Trotzdem musste ich täglich vier Augentropfen nehmen, da ich so einen riesigen Überdruck hatte.

Und somit kam es auch schon so weit, dass ich mich, solange Schnee auf dem Boden zu sehen war, während der Pause auf der Knaben- Toilette verstecken musste.

Jeder Tag war und ist ein absoluter Tag der Angst. Vor allem Angst von den Schlimmsten: ▓▓▓ ▓▓▓ und ▓▓▓ ▓▓▓!

Ich hatte schon viele Stunden investiert, in Gespräche mit meiner Mutter. Wir beschlossen, dass wir einen Psychiater beiziehen werden, würde dieser Spuck nicht enden.
Dieser würde mir ein Gesuch stellen, wobei ich diese 10 Wochen restliche Schule in einer anderen Klasse verbringen würde, wobei es sich wirklich um eine SEKUNDARKLASSE handeln würde.

Ich bitte Sie diesen Brief so geheim wie möglich zu halten. Würde dies an die Öffentlichkeit treten, so würde ich wohl im Spital landen.

So hoffe ich schwer, dass Sie uns helfen können, und für ein Gespräch stehe ich Ihnen noch so gerne zur Verfügung.

Ich wünsche Ihnen schöne und erholsame Ferien.

Mit lieben Grüssen

Gabriel Palacios

7.4.2005

Bern, den 20.4.05

Lieber Herr ████████

Beiliegende Briefkopie wollte Ihnen Gabriel
kurz vor Beginn des Frühlingsferien über-
reichen. Leider verliess ihn den Mut und er
brachte diesen mit der Begründung – „heute
war es nicht so schlimm" wieder nach Hause.
Ich habe lange abgewägt ob meine Entscheidung
Ihnen, eine Kopie zukommen zu lassen richtig
sei. Ich denke aber, dass es meine elterliche
Pflicht ist (auch wenn das Original im Besitze
von Gabriel ist) Sie über diese absolut unak-
zeptabeln Zustände zu informieren, bevor es
zum Eklat kommen kann oder wird.
Gabriel leidet schon lange, viel zu lange und
die Schule ist für ihn nur noch psychischer Stress.
Was machen wir? Noch zehn Wochen lang
tägliches Leiden? Sollte noch der kleinste
Vorfall seitens der Mitschüler geschehen
werde ich Gabriel unter Behilfe eines
Jugendpsychologen sofort von dieser Schule
resp. Klasse befreien.
Gerne hoffe ich auf Ihre Mithilfe und
verbleibe mit lieben Grüssen P. Palaals

Bern, 21.4.05

Sehr geehrte Frau Palacios

Besten Dank für die Zustellung Ihres
Schreibens betreffend die Situation von
Gabriel in der Klasse 8c. Da ich nicht
weiss, ob Gabriel von der Zustellung seines
Briefes an mich weiss, bitte ich Sie,
mich übers Wochenende zu einem geeig-
neten Zeitpunkt anzurufen (Tel. 031
████ ██ oder 079 ███ ██ ██).

Ich würde sehr gerne die Situation und
allfällige Hilfestellungen mit Ihnen
vorbesprechen

Mit freundlichen Grüssen

Diese Glaubenssätze müssen falsifiziert werden, dem Kind also fühlbar als falsch erklärt werden. Wenn dies nicht geschieht, glaubt das Kind alles, was es in der Schulzeit prägt.

Wichtig für die Eltern ist, dass sie sich in den geistigen Konflikt des Kindes hineindenken. Und dass sie sich intensiv mit dem Konflikt befassen und diesen versuchen nachzuvollziehen. Nur so können sie dem Kind positive Gegenargumente geben. Kommt also ein Kind traurig von der Schule nach Hause, so ist es für das Unterbewusstsein des Kindes ganz besonders wichtig, dass die Eltern die folgenden Schritte beachten:

1. Herausfinden, ob Mobbing vorliegt
Am besten mit Fragen wie:»Geht es dir gut mit deinen Mitschülern? Oder ist etwas vorgefallen?«

Herausfinden, was genau vorgefallen ist:»Wer hat was getan? Du darfst mir alles sagen – ich behalte es erst mal nur für mich.«

Viele Kinder schämen sich dafür, dass sie in der Schule gehänselt werden. Sie schämen sich auch ihren Eltern gegenüber. Vielleicht auch, weil sie denken, den Eltern ein anderes Bild von sich vermitteln zu müssen. Beispielsweise Kinder, die im Sport oder auf anderen Gebieten aufgrund ihrer hohen Leistungen speziell gefördert werden und somit glauben, stets brillieren zu müssen.

2. Sich in den sich möglicherweise bildenden Glaubenssatz hineindenken
»Macht dich dabei etwas traurig?«

3. Den Glaubenssatz revidieren

»Es ist das pure Gegenteil der Fall: Du bist ein Mädchen/ein Junge die/der ... (positive Suggestion) ... !«

Weiterführende Maßnahmen

Es macht Sinn, diskrete Gespräche mit der Lehrerin/dem Lehrer oder dem Schulpsychologen zu führen.

Die folgende Anleitung soll keine ganzheitlich umfassende sein, sondern sie stellt die für mich – und so auch für die Arbeit mit dem Unterbewusstsein – fünf wichtigsten Punkte dar, die ein junger Geist unbedingt braucht, um möglichst keine falschen Glaubenssätze zu entwickeln.

Viele Eltern müssen das Bewusstsein haben, dass:

1. schlechte Glaubenssätze viel schlimmer sind als schlechte Schulnoten

2. schlechte Glaubenssätze viel schlimmer sind als die falsche Berufswahl

3. schlechte Glaubenssätze besonders in der ersten Lebensphase (bis zur Urteilsfähigkeit, zur Adoleszenz) dann auch meist die am tiefsten verankerten sind

4. schlechte Glaubenssätze nicht von allein entstehen, sondern durch Erlebnisse und besonders durch schädliche Aussagen von außen (Mitschüler, Lehrpersonen, Eltern etc.)

5. schlechte Glaubenssätze noch korrigierbar sind, solange sie noch frisch sind. Allerdings muss man sich dafür in die Glaubenssätze hineindenken und diese von innen heraus ändern.

Doch wie können Eltern diese Glaubenssätze ändern? Sie müssen zur Kernaussage des Glaubenssatzes vordringen und diese dann ins komplette Gegenteil umkehren.

Beispiele:

Aussage Kind: »*Niemand will mit mir spielen.*«
Glaubenssatz: »Ich bin zu wenig interessant für die anderen.«
Grundangst: Nicht genügen / allein sein / keine Kontrolle
- Gekonterter Glaubenssatz der Eltern: »Du bist so interessant für die anderen Schüler, dass sie gar nicht wissen, wie sie damit umgehen sollen. Vielleicht möchten sie auch so interessant sein wie du, aber weil sie neben dir immer etwas weniger interessant wirken, wollen sie nicht mit dir spielen.«

Aussage Kind: »*Er hat gesagt, ich sei hässlich.*«
Glaubenssatz: »Ich gehöre nicht dazu, weil mein Aussehen den anderen nicht gefällt.«
Grundangst: nicht genügen / allein sein / keine Kontrolle
- Gekonterter Glaubenssatz der Eltern: »Das stimmt nicht. Du bist eben hübsch und besonders – besonderer als die anderen. Und das merken die anderen auch. Deshalb sagen sie so böse Dinge, denn sie möchten auch gern so hübsch wie du aussehen. Aber sie sehen alle nur normal und nicht so besonders aus wie du.«

Aussage Kind: *»Sie können alle besser rechnen als ich.«*
Glaubenssatz: »Ich bin nicht gut in Mathematik. Was alle anderen gut können, fällt mir schwer.«
Grundangst: Nicht genügen / allein sein / keine Kontrolle

- Gekonterter Glaubenssatz der Eltern: »Das stimmt nicht. Du bist so intelligent. Und außerdem magst du Zahlen, denn du spielst ein Instrument, das andere nicht so gut und schon in so jungem Alter spielen können wie du. Schließlich hat auch jede Musiknote einen Zahlenwert. Eine Viertelnote. Oder eine Achtelnote. Du hast dich also schon viel früher mit Zahlen und Mathematik befasst als alle anderen. Du wusstest schon, was ein Viertel ist, bevor deine Mitschüler überhaupt bis vier zählen konnten. Du denkst nur immer ein bisschen zu weit. Es ist viel einfacher, als du denkst. Vielleicht ist Mathematik sogar zu einfach für dich, und deshalb denkst du zu weit.«

Ich denke, ich muss nicht sagen, was diese Worte im Inneren eines Kindes bewirken.

Bei mir haben sie Unbezahlbares bewirkt. Meine Mutter hat genauso mit mir gesprochen. Und sie hat es auch so gemeint. Ich hatte während des Mobbings Probleme in Mathematik. Doch später, nach dem Gymnasium, überlegte ich sogar kurz, Mathematik zu studieren, so gut war ich darin geworden.

Meine Mutter erinnerte mich daran, dass ich schon vor dem Eintritt in den Kindergarten lesen, schreiben und zählen konnte.

Obwohl ich das noch gar nicht hätte können müssen. Sie erinnerte mich an meine Fähigkeiten.

Mein Deutschlehrer vermittelte mir, ich könne nicht gut schreiben. Heute schreibe ich Bestseller. Er leider nicht. Aber ich würde ihm dabei behilflich sein, wenn er mich fragen würde. Denn ich weiß, dass er ein toller Mensch ist, und ich bin ihm heute sogar dankbar dafür, dass er so streng zu mir war.

Jedes deiner Worte hat Kraft. Setze deine Worte behutsam ein, und du beeinflusst ein Menschenleben positiv, ohne dass dieser Mensch überhaupt weiß, dass du sein Leben maßgeblich bereichert hast.

Wer wütend auf dich ist ...

Wut ist eine wichtige Emotion. Viele unterdrücken sie, statt sie für sich selbst zuzulassen.

Wut ist wichtig, denn sie will dir etwas mitteilen. Wut ist die Antwort auf eine unbewusste Angst. Wut selbst ist keine Angst. Wut ist die Reaktion auf Angst.

Jeder Mensch geht anders um mit Angst. Der eine isoliert sich. Der andere versucht, den Situationen, die Angst bereiten, zu entfliehen. Andere wiederum reagieren mit Wut.

Im Grunde sind es unsere drei archaischen Programme, die dann zum Zuge kommen, wenn die Angst in uns besonders ausgeprägt ist:

- Resignation (Isolieren)
- Flucht (Vermeidungsverhalten)
- Angriff (Wutreaktion)

Immer dann, wenn unser limbisches System und unser Reptilienhirn auf Alarmstufe Rot schalten, besteht die Gefahr einer Wutreaktion. Dies ist im Grunde dann der Fall, wenn das Gehirn im Angriffsmodus ist. Weil die anderen beiden Modi – Flucht und Resignation – sich als nicht günstig oder nicht als optimal erweisen.

Was ist Wut?
Sie ist eine Reaktion auf das Gefühl,

- nicht verstanden zu werden
- nicht zu genügen
- nicht geliebt zu werden,

Wut ist die Reaktion
- auf die drei menschlichen Grundängste.

Wut finden wir überall dort, wo beispielsweise Beziehungen getrennt werden. Immer dann, wenn jemand von der Partnerin oder vom Partner verlassen wird, kommt das Gefühl, nicht zu genügen, auf. Die Angst davor kennen die Betroffenen meist bereits aus anderen Situationen im Leben.

Jeder Mensch geht mit der Angst, nicht zu genügen und verlassen zu werden, anders um:

Der eine schließt sich die nächsten Tage zu Hause ein und zieht die Bettdecke über den Kopf.
- Resignation

Der andere geht der Angst aus dem Weg und trifft Freunde, um sie gar nicht erst aufkommen zu lassen.
- Flucht

Der nächste geht auf Angriff über, wird wütend, attackiert den Menschen, der die Beziehung beendet hat, und beschimpft ihn.
- Angriff

Vielleicht erkennst du dich selbst in einem dieser drei Typen wieder, wenn du schon mal verlassen wurdest.

Doch was kann die Person auf der anderen Seite tun, die sich beispielsweise von der Wut des Verlassenen bedroht fühlt? Kannst du diesen wütenden Menschen besänftigen?

Die Antwort lautet: Ja. Allerdings nicht, indem du versuchst, ihn zu besänftigen oder indem du versuchst, seine Wut zu lindern, sondern indem du seine Angst linderst.

Wut ist die Reaktion auf die Angst.

Folglich ist die Wut das *Sekundärsymptom*.

Das *Primärsymptom* ist die Angst. Die Angst ist zuerst da. Sei es, dass sie bewusst wahrgenommen wird oder unbewusst bleibt.

Die Wut bei diesem Menschen oder bei sich selbst unterdrücken zu wollen, ist der schwierigere Weg.

Beispiel:
- *Der Dampfkochtopf*
Stell dir vor, der Mensch wäre ein Dampfkochtopf.
Ein Dampfkochtopf hält ein bestimmtes Maß an Druck aus. Der Druck, der innerhalb des Dampfkochtopfs entsteht, ist die Angst. Wenn die Angst stark genug wird, beginnt das Ventil des Dampfkochtopfs zu pfeifen: vergleichbar mit der Wutreaktion.
– Wer nun versucht, dieses Pfeifen des Ventils zu unterdrücken, löst zwar dieses Problem, doch der Druck im Dampfkochtopf bleibt bestehen.

Wer also die Wut eines Menschen zu dämpfen versucht, beispielsweise mit Rechtfertigungen, entschärft nur kurzweilig eine brenzlige Situation. Doch die Angst – der Druck im Dampfkochtopf – bleibt bestehen. Würde die Angst dieses Menschen jedoch gelindert, so wäre auch die Wut nicht mehr so groß.

Was geht in einem Menschen vor, wenn Wut aufkommt? Immer dann geht es um Mangel. Die Person, die wütend ist, ist in diesen Momenten in einem Mangel. Einem Mangel an Liebe, Zuwendung oder Sicherheit.

Beispiel:

• *Der Mensch, der verlassen wird*
Ein Mann wird von seiner Freundin nach drei Jahren Beziehung verlassen. Er ist am Boden zerstört. Besonders, weil er schon fast damit gerechnet hat, denn es gab immer wieder Gespräche, die in diese Richtung gingen. Seine Angst, ihr nicht zu genügen, war im Laufe der letzten Monate immer größer geworden. Bis es dann letztendlich zur Trennung kam.
Dieses Gefühl, nicht zu genügen, was zur Folge hätte, dass man ihn verlassen würde und er allein bliebe, kannte er bereits. Schon bei seinen Eltern hatte er immer das Gefühl gehabt, ihnen nicht zu genügen. Sein Unterbewusstsein kennt dieses Gefühl und hat eine Art Flashback. Es fühlt sich an die Momente in seiner Kindheit und Jugend erinnert, in denen er nicht genügen konnte. All die Wut, die sich gegenüber seinen Eltern angestaut hat, bricht jetzt aus. Damals konnte er nicht anders, als sich zu isolieren oder Momente zu vermeiden, in denen das Gefühl zutage treten konnte, dass er nicht genüge. Im

Nachhinein wünschte er sich, er hätte die Eltern zur Rede gestellt. Das kann er nun nicht mehr. Aber er kann es bei seiner Freundin, die ihn gerade verlässt. Sie verkörpert nun die Eltern. Und all das, was er seinen Eltern sagen wollte, sagt er ihr. Das Ganze schaukelt sich derart hoch, dass die Beziehung in allen Belangen irreversibel wird.

Doch was kann die Freundin tun, damit er nicht überbordet?

In Situationen, in denen beim Verlassenen das Reptilienhirn übernimmt (unser ältestes Gehirn, dank dessen die Menschheit überlebt hat), kann die falsche Reaktion dramatische Auswirkungen haben. Ein Grund, weshalb es weltweit derart viele Beziehungsdelikte zu verzeichnen gibt.

Der falsche Weg:
• *Die Wut lindern*
Würde die Freundin nun versuchen, seine Wut zu lindern, dann wohl mit Aussagen wie »Beruhige dich!« oder »Ich rede wieder mit dir, wenn du deine Wut im Griff hast!«

Solche Aussagen machen die Wut meistens nur noch schlimmer.

Der Grund: Mit ihren Aussagen verdeutlicht die Freundin ihrem Partner seine Rolle des wütenden Menschen. In seinen Augen verdeutlichen solche Aussagen, dass man ihn als Wut-Menschen, vielleicht sogar als Choleriker, abstempelt. Das wäre in etwa so, wie wenn man einem Kind, das Blödsinn macht, immer wieder sagt, es solle keine Dummheiten machen. Mit solchen Aussagen gibt man dem Kind keine Chance, eine andere Rolle einzunehmen, als die des Kindes, das immerzu Dummheiten macht.

⇨ Adjektive, die das Gegenüber beschreiben, bezeichnen die offensichtliche Rolle des Gegenübers, die Charakterzüge, die man im Gegenüber sieht. Das Gegenüber sieht sich selbst auf diese Weise als Menschen mit einer schlechten Eigenschaft, indem man ihm sagt, er solle diese Eigenschaft ablegen.

Würde die Frau ihren Partner bitten, sich zu beruhigen und nicht mehr wütend zu sein, so würde sie ihm das Gefühl geben, dass er in ihren Augen ein wütender Mensch ist. Die wutbehaftete Rolle ist ihm übergestülpt.

Das Ergebnis: Seine Wut wird noch größer.

Eines der bekanntesten Beispiele der suggerierten Rolle sind die Raucher. Weil auf den Zigarettenpackungen Suggestionen stehen wie »Raucher schaden ihrem Umfeld!«, wird dem Raucher die Rolle des schadenden Rauchers indoktriniert. Der Raucher soll ein schlechtes Gewissen haben.

Das Ergebnis: Der Raucher sieht keinen Weg zurück in eine Nichtraucher-Rolle, da die ihm suggerierte Rolle zu profund ist. Der Raucher raucht noch mehr als zuvor, weil er sich selbst mit der von außen zugeteilten Rolle identifiziert.

Der richtige Weg:
* *Die Angst lindern*
  Da Wut lediglich eine Reaktion auf eine bewusste oder unbewusste Angst ist, müsste für eine effektive Deeskalation die Angst

des Partners gelindert werden. Das Problem liegt darin, seine konkrete Angst zu benennen. Wenn er wütend ist und dann noch gefragt wird, ob er vor etwas Bestimmtem Angst hat, so kann dies bei ihm das Gefühl verstärken, dass sie ihn für einen Schwächling hält. Das kann sein wutentbranntes Verhalten sogar verstärken.

⇨ Wenn sie als seine Freundin jedoch seine Angst kennt oder diese vermuten kann, so reduzieren angstlindernde Sätze sehr schnell seine Wut. Binnen Sekunden.

⇨ Dies könnte ein Satz sein wie »Ich will, dass du weißt, dass ich gern mit dir zusammenbleiben möchte ...«, (verhindert die Angst, zurückgestoßen zu werden), »... ich glaube allerdings, dass wir uns beide gegenseitig kaputt machen würden, denn wir beide haben unsere jeweiligen Probleme. Wir würden uns ständig gegenseitig verletzen. Und ich kann damit nicht umgehen, dich ständig zu verletzen.«

Wenn er versteht, dass er nicht zurückgewiesen wird und seine Freundin somit nicht das Verhalten der Mutter oder das seiner Eltern widerspiegelt, wird seiner Wut der Nährboden entzogen.

Wenn also jemand schlecht von dir redet, weil derjenige wütend ist, so hat das oftmals nichts mit dir selbst zu tun. Sondern vielmehr damit, dass du in diesem Menschen etwas triggerst. Du weckst in ihm eine unbewusste oder bewusste Erinnerung aus dessen Vergangenheit. Allerdings hast du meist keine Ahnung, was die Ursache dafür ist. Wir können nicht wissen, welche Erlebnisse dieser Mensch gehabt hat. Und wir können auch nicht wissen, *womit* wir *was* in welchem Menschen triggern. Aber wir spüren es, wenn wir im Gegenüber etwas getriggert haben.

Meist fokussieren sich Menschen, in denen du unwissentlich etwas getriggert hast, auf einen Satz, eine Floskel oder ein Wort, was für dich hingegen völlig nebensächlich war. Für diesen Menschen haben dieser Satz, dieses Wort oder diese Floskel aber eine Bedeutung. Oder eine bestimmte Geste von dir wird überbewertet. Oder ein bestimmtes Verhalten, das für dich kein verletzendes ist, aber vom Gegenüber als ausgesprochen verletzend wahrgenommen wird.

Immer dann, wenn du nicht verstehen kannst, wie ein solches Wort, eine solche Aussage oder eine solche Geste derart viel Wirbel verursachen kann, weißt du, dass du wahrscheinlich im Inneren deines Gegenübers etwas getriggert hast.

• Wenn du diesen Trigger kennst, weil ständig davon gesprochen wird, so versuche deinem Gegenüber zu erklären, was genau du damit verbindest. Oder verwende einfach andere Worte, Floskeln oder Gesten, die das Gegenüber nicht mehr triggern. Nur so lässt sich die Wut in diesen Momenten lindern. Nur so kann vernünftig eine Entscheidung getroffen werden, die vielleicht etwas mit der notwendigen Arbeit mit sich selbst zu tun hat: Therapie, Coaching oder Persönlichkeitsentwicklung.

Wenn also jemand schlecht von dir spricht, die oder der wütend auf dich ist, so hat das oftmals viel mehr mit der Verletztheit dieser Person zu tun. Wenn du den Frieden mit dieser Person herstellen willst, so
• solltest du diesem Menschen helfen, seine Angst zu lindern.

Spricht dieser Mensch dennoch weiter schlecht von dir, beweist er seinem Gegenüber mit seiner Wut unbewusst, wie viele Ängste, Verzweiflung oder Verletztheit seinem Verhalten zugrunde liegen.

Wer aus einer Wut heraus schlecht von anderen spricht, stellt sich selbst ins Abseits. Wut ist eine so starke Emotion, dass sie über den Verbreiter schlechter Dinge viel mehr preisgibt als über denjenigen, der in seinem Visier steht.

Rechtfertigung

Rechtfertigung hat ein viel zu gutes Image. Die meisten bedienen sich, wenn sie im Kreuzfeuer stehen, des alten Prinzips der Rechtfertigung. So tendieren viele Privatpersonen, Vereine und auch Mediensprecher dazu, sich rational zu rechtfertigen.

Die Rechtfertigung hat ein Problem: Damit möchte man das schlechte Gerede über einen selbst verhindern und negative Aussagen neutralisieren. Nur bleibt bei demjenigen, der das schlechte Gerede neutralisiert, energetisch alles im negativen Bereich.

Je mehr die Person, der etwas vorgeworfen wird, sich rechtfertigt mit Sätzen wie: »Nein, ich habe nie gesagt, dass ... !«, umso präsenter ist diese negative Aussage.

Wenn jemand in Gegenwart eines Dritten schlecht von dir spricht und dieser Dritte dich danach mit diesen Aussagen über dich konfrontiert, so ist deine Reaktion fälschlicherweise meist die, dich zu rechtfertigen. Denn du willst, dass dieser Dritte ein korrektes Bild von dir hat.

Das Faszinierende an der ganzen Sache ist, dass die Person, die dich mit dem schlechten Gerede der anderen Person konfrontiert, bereits ihr Urteil gefällt hat. Auch wenn sie dich befragt oder dir erzählt, wer was über dich gesagt hat, so tut sie dies lediglich, um für sich eine Bestätigung zu erhalten oder aus primär egoistischen Gründen.

Dies sind die häufigsten Gründe, weshalb Menschen dir erzählen, dass ein Dritter etwas Negatives über dich geäußert hat:

- Die Person will ihr bereits gefälltes Urteil für sich bestätigen. Dafür braucht sie aber deine Reaktion. Egal, was du sagst: Es wird eine Bestätigung ihres bereits gefällten Urteils über dich sein.
- Die Person will dich in die Opferrolle bewegen, damit sie etwas mehr Macht über dich hat. Sie will dir zeigen, dass jemand schlecht von dir spricht, weil die dich beschützende Person den Draht zu dem Menschen hat, der schlecht von dir spricht. Sie lässt dich spüren, dass sie das Recht hat, von dir bewiesen zu bekommen, dass dieses schlechte Gerede über dich seitens Dritter nicht stimme.
- Die Person hätte gerne etwas Anerkennung. Sie will verdeutlichen, dass sie dir gegenüber sogar im Angesicht der schlechten Aussagen über dich treu und standhaft bleibt.

Menschen, die auf dich zukommen und dir erzählen, dass sich jemand negativ über dich geäußert hätte, erwarten eigentlich keine Rechtfertigung. Und doch rechtfertigen sich die meisten von uns. Dabei sind die rationalen Argumente in diesen Momenten meist völlig sekundär, weil das emotionale Urteil deines Gegenüber schon längst in deiner Abwesenheit gefällt wurde.

Menschen bilden sich ihr Urteil von dir. Egal, was du tust. Wenn du überhaupt etwas tust. Aber auch dann, wenn du nichts tust. Schon bei der ersten Begegnung mit einem anderen Menschen bildet sich dieser ein Urteil über dich. Und dieses Urteil kannst du gar nicht beeinflussen. Schließlich weißt du nicht, wie dein Gegenüber tickt. Du triffst denjenigen ja zum ersten Mal. Du kannst zwar versuchen zu erahnen, wie dein Gegenüber tickt und was dein Gegenüber gut oder weniger gut findet und könntest dich darauf einlassen. Aber auch dafür hast du keine Garantie, denn genau dann bist du nicht mehr bei dir und somit nicht mehr authentisch.

Es ist also nicht möglich, maßgeblich zu beeinflussen, was andere von dir denken. Erst recht nicht, wenn sich ein Dritter negativ über dich geäußert hat. Doch wie gehst du am besten mit diesen drei Personentypen um, die dir erzählen, was Drittpersonen über dich sagen?

Die Bestätigung

Es gibt zwei Personentypen, die eine Bestätigung ihres bereits von dir gefällten Urteils wünschen.

- Der eine Typus ist der, der dem Gerede des Dritten innerlich bereits zugestimmt hat. Diesen Menschen wirst du sehr selten bis nie antreffen. Da er bereits ein schlechtes Urteil über dich hat, wird er auch nicht den Kontakt zu dir suchen.
- Der gegenteilige Typus ist derjenige, der dem schlechten Gerede keineswegs glaubt. Und diesem Personentyp musst du dich nicht mehr beweisen. Dieser Mensch hat schon längst innerlich für dich Partei ergriffen. Diesem Menschen genügt es, wenn du abwinkst und mit einem starken Standardspruch von dir verdeutlichst, dass ihr beide ja wohl wisst, was ihr von diesem Gerede zu halten habt.
- Fazit: Es braucht keine Rechtfertigung, und wenn du es trotzdem tust, könntest du damit in demjenigen, der sowieso schon

auf deiner Seite ist, das Gefühl erwecken, du müsstest dir oder ihm etwas beweisen. Das musst du nicht.

Das Opfer-Schuld-Dilemma

Auch bei diesem Typ Mensch gibt es zwei unterschiedliche:

- Der eine Typus will dich unterschwellig damit erpressen, dass jemand etwas Schlechtes über dich gesagt hat, und dass du nun mit deinen Rechtfertigungen beweisen müssest, dass das nicht stimmt. Dieser Menschentyp weiß insgeheim, dass das Gerede nicht stimmt. Aber er nutzt die Situation, um dich von seiner Meinung abhängig zu machen. Meist hat dieser Mensch ein ganz anderes Ziel: ein Sekundärziel. Beispielsweise, dass du ihm mehr Vertrauen schenkst oder die Beziehung zu ihm generell festigst. Allerdings gibt er dir das Gefühl, seine Meinung sei noch nicht gefestigt, obwohl dies längst geschehen ist. Hätte dieser Mensch eine schlechte Meinung von dir, würde er gar nicht mehr mit dir reden.

- Hier besteht die Gefahr, dass du dich auf diese unterschwellige, emotionale Erpressung einlässt. Sobald du dich rechtfertigst, verdeutlichst du deinem Gegenüber, dass dir die Beziehung ihr oder ihm gegenüber besonders wichtig ist und du alles tun wirst, dass sie oder er Dritten keinen Glauben schenkt. Reagierst du nämlich mit Rechtfertigung, so fühlst du dich vielleicht in erster Linie verstanden. Aber früher oder später wird es einen konfliktbehafteten Moment geben, in dem dieser Mensch dir sagen wird: » ... oder hatte der damals doch recht, als er über dich sagte, dass ...«. Und spätestens dann wird das schlechte Gerede wieder aufgegriffen. Erneut als Erpressung im Sinne von »Wenn du nicht tust, was ich sage, dann werde ich diesem Menschen, der schlecht von dir sprach, glauben und auf seine Seite wechseln.« Du bist also für diesen Menschen ein potenziell »Schuldiger«. Also ist auch in diesem Falle eine Rechtfertigung fehl am Platz. Dieser Mensch muss lernen, dich zu lieben und nicht nur dann, wenn du seine Bedingungen erfüllst.

• Der gegenteilige Typus charakterisiert sich dadurch, dass er das schlechte Gerede über dich nutzt, um dich damit, bewusst oder unbewusst, in die Opferrolle zu versetzen. Er will dir zeigen, dass er dich beschützt und dass du ihn brauchst. Er beschützt dich angeblich vor den bösen Menschen, die schlecht von dir reden. Die Problematik ist auch hier die, dass dieser Menschentyp eine Abhängigkeit herzustellen versucht.

• Machst du dich davon abhängig, von diesem Menschen beschützt zu werden, machst du dich nicht nur abhängig von den Meinungen anderer, sondern auch von dieser einen Person, die dich angeblich beschützen will. Doch auch hier stellt sich die Frage, was es diesem Menschen nützt, wenn du eine Abhängigkeit zu ihm hast. Auch hier könnte ein solches Sekundärziel sein, dass durch die Abhängigkeit die Beziehung zu dir gefestigt wird. Auch hier ist Rechtfertigung gar nicht nötig, weil dein Gegenüber dir ja bezeugen will, dass das schlechte Gerede falsch ist.

Die Verbündeten

Dann gibt es einen Menschentypen, der eigentlich nur ein Ziel hat: das Verhältnis zu dir zu festigen. Und dies auf eine ganz besondere Weise: über das Bündnis.

• Das Bündnis ist eine Verbindung zwischen Menschen, die von den gleichen Problemen betroffen sind, und hat das Ziel, sich gegenseitig Schutz, Stärke und Durchhaltevermögen zu geben. Dieser Typus Mensch, der mit dir verbündet sein will, findet in diesem Dritten, der schlecht von dir redet, einen potenziellen Feind. Entweder will dir dieser Mensch damit verdeutlichen, wie loyal er ist und damit dein Vertrauen gewinnen, oder er will auf diese Weise einfach Anerkennung bekommen.

- Unter diesen Menschen befinden sich diejenigen, die es damit ernst meinen, und diejenigen, die durch ein vorgetäuschtes Bündnis Vertrauen gewinnen wollen.

Wichtig ist hier herauszufinden, ob es dein Gegenüber wirklich ernst meint. Meist ist dies der Fall,
- wenn sich dein Gegenüber entweder extrem stark mit dir identifiziert, sodass jede Kritik an dir auch schmerzhaft für dein Gegenüber ist, oder
- wenn dein Gegenüber zu der Person, die schlecht von dir spricht, ebenfalls in keinem guten Verhältnis steht. In den beiden letzten Fällen ist das Bündnis meist ernst gemeint.

Ganz unwichtig, ob es ernst gemeint ist oder nicht:
⇨ Rechtfertigung wäre auch in diesem Fall nicht nötig und würde das Ganze nur künstlich falsch verstärken.

Wie du sehen kannst, ist Rechtfertigung in den allermeisten Momenten völlig überflüssig. Es gibt nur sehr seltene Fälle, in denen Rechtfertigung sinnvoll ist:
- Wenn du als rationaler Mensch wahrgenommen wirst und für dich die rein faktischen Argumente die authentischsten sind (zu dem schlechten Gerede zu schweigen wäre dann für dich nicht authentisch).

- Wenn nach einer expliziten Erklärung gefragt wird (dein Gegenüber scheint in diesem Fall verunsichert zu sein).
- Wenn du ohne Rechtfertigung keine innere Ruhe findest und dadurch nicht mehr bei dir selbst bist (in diesem Falle gehört die Rechtfertigung zu deinem Naturell. Würde sie ausbleiben, kämen vielleicht Fragen auf).

Solange aber keiner dieser Fälle oder ein anderer, gleichwertiger Fall gegeben ist, solltest du mit Rechtfertigungen sparsam umgehen. Denn wer sich zu sehr rechtfertigt, vermittelt schnell den Eindruck, als hätte er es nötig, sich zu rechtfertigen. Viel sinnvoller ist es, wenn du deine Antwort schlicht und ergreifend in bündiger Form gibst. Hierfür könnte ein Standardsatz hilfreich sein.

Beispiele für Standardsätze, die jegliche Rechtfertigung überflüssig machen würden:
- Wenn dieser Mensch so über mich denken will, so darf er das – ist damit aber sicher sehr allein.
- Wenn meine positive Art diesen Menschen derart triggert, so tut mir das sehr leid.
- Wenn dies die Art dieses Menschen ist, mit seinen Gefühlen umzugehen – die dann aufkommen, wenn er sich mit meiner positiven Art befasst – dann darf der das.
  Ich pflege zu sagen: Wer sich rechtfertigt, macht sich selbst recht fertig.

Wenn alle Worte nichts nützen
Was denkst du, wie nützlich es für die Gazelle sein wird, sich dem Löwen zu erklären?

Du erkennst: gar nicht.

Was denkst du folglich, wie nützlich es ist, sich einem Menschen zu erklären, der dich schlichtweg nicht verstehen will, weil er keinen Mehrwert darin findet, dich zu verstehen? Genau: ebenso wenig.

Es gibt diese Menschen, denen du dieselbe Sache immer und immer wieder erklärst. Von denen deine Erklärung zwar angehört, aber nicht verstanden wird. Und wenn du meinst, dass jeder Mensch auf dieser Welt deine Erklärung verstehen müsste, so ist auch *diese* Erklärung beim Gegenüber nicht richtig verstanden worden.

- Menschen, die auf ein harmonisches Miteinander ausgerichtet sind, wollen sich deine Meinung anhören. Sie achten, respektieren und schätzen dich, deine Meinung und deine Erkenntnisse und versuchen, deine Perspektive nachzuvollziehen und zu verstehen.

- Dann gibt es Menschen, die ebenfalls auf ein harmonisches Miteinander ausgerichtet sind, die auch Menschen achten, respektieren und schätzen, für die du aber aus unterschiedlichen Gründen nicht zu denen gehörst, mit welchen sie im harmonischen Miteinander sein möchten. Diese Gründe müssen nichts mit dir als Mensch zu tun haben – vielleicht versteht ihr euch sogar auf einigen Ebenen richtig gut.

Gründe für das Nicht-verstanden-Werden sind meist,
- dass ihr nicht dieselben Werte habt. Dein Gegenüber kann deine Werte nicht verstehen oder kann die Argumente, die mit diesen Werten verbunden sind, nicht verstehen.
- dass die Person von dir ein ganz eigenes Bild hat, das nicht deinem Selbstbild entspricht.

- dass die Person dich nicht verstehen will, weil die Chemie, Energie oder andere Komponenten einfach nicht passen.

Und wenn einer dieser drei Gründe gegeben ist, der unmöglich macht, dass dich dein Gegenüber verstehen kann, so ist diese Ebene eine sehr zäh. Denn es ist dann beinahe eine Sache der Unmöglichkeit, beim Gegenüber Verständnis zu erwarten, ohne dass du

- deine Werte änderst oder
- das Bild, das die Person von dir hat, zu deinem Selbstbild machst oder
- dich so sehr veränderst, dass die Chemie/Energie zwischen euch beiden passt (fast unmöglich), und du eigentlich nicht mehr du selbst wärst.

Wenn dich also jemand per se nicht verstehen will, dann kannst du daran nicht wirklich viel ändern, außer deinen Anspruch, von diesem Menschen verstanden zu werden, zu hinterfragen. Um sein Verständnis zu erhalten, musst du viel Energie aufbringen. Und wenn das Verständnis dieses Menschen eines Tages da ist, dann nur für kurze Zeit. Der Grund liegt meist im unterschiedlichen Fokus oder den unterschiedlichen Werten, die ihr habt. Wenn das Gegenüber einen ganz anderen Fokus hat, so sind deine vorrangigen Themen für das Gegenüber nebensächlich. Wenn du ganz bestimmte Werte hast, könnten genau diese deinem Gegenüber nichts bedeuten. Immer dann ist eine gemeinsame Ebene des Verständnisses sehr schwer zu erlangen. Und wenn, dann kostet sie viel Energie.

Wenn diese Person schlecht von dir spricht, so weißt du, welche Gründe das hat:

- Ihr habt unterschiedliche Werte.
- Die Person schafft es nicht, dein wahres Selbst zu sehen.
- Die Chemie/Energie passt nicht.

Nun stellt sich die Frage, was es bewirken würde, wenn diese Person positiv von dir redet? Sie würde in ihrem Umfeld, das natürlich aus Gleichgesinnten besteht, Werbung für dich als Person machen. Doch diese Leute hätten andere Werte als du oder würden ein falsches Bild von dir vermittelt bekommen oder wären von der Chemie her wohl ähnlich wie dieser Mensch. Nun ist das Problem, dass du von diesen Menschen ebenso wenig Verständnis erhalten würdest, weil ihr energetisch nicht zusammenpasst.

Wenn die Person, die dich nicht versteht, schlecht von dir sprechen würde, so würde sie im schlimmsten Fall bei ihren Gleichgesinnten schlechte Werbung für dich machen. Diese Gleichgesinnten würden dann entweder Begeisterung für dich entwickeln, weil sie insgeheim sowieso nicht zu den Menschen mit dieser Energie gehören, oder sie würden wegen dem schlechten Gerede kein Interesse mehr für dich aufbringen. Dies würde dir Zeit, Nerven und Energie sparen. Das Schlimmste, das passieren könnte, wäre, dass diese Menschen auf dich zukommen, weil sie falsche Werte, ein falsches Bild oder eine falsche Energie über dich vermittelt bekommen haben. Diesen Werten, diesem Bild oder dieser Energie könntest du sowieso nicht gerecht werden. Eigentlich müsstest du dem Menschen, der von dir schlecht redet, dankbar sein, denn so wird für dich ein hilfreicher Filter aktiviert, der Menschen von dir fernhält, die nicht zu dir passen.

Hör also auf, von den falschen Menschen Verständnis zu erwarten. Du wirst es nicht bekommen. Denn du bist du. Und der andere Mensch ist der andere Mensch.

Jede Energie ist anders.

Das Feuer wird nie wissen, wie das Wasser sich fühlt. Das Wasser wird nie wissen, wie das Feuer sich fühlt. Der Vogel wird nie wissen, wie der Maulwurf sich fühlt. Der Maulwurf wird nie wissen, wie der Vogel sich fühlt. Sollte der Vogel nun alle seine Zeit investieren, um sich in den Maulwurf hineinzuversetzen? Oder sollte er einfach begreifen, dass der Maulwurf für einen Austausch zwischendurch bereichernd ist, sie aber nicht gemeinsam auf Weltreise gehen können?

Wenn der Maulwurf schlecht über den Vogel spricht, wird das den Vogel nicht kümmern. Es ist nicht sein Revier.

Berufliche Konsequenzen

Eine der größten Fragen in Zusammenhang mit schlechtem Gerede ist die zum Umgang mit drohenden, beruflichen Konsequenzen.

Zum Beispiel: »Wie soll ich damit umgehen, wenn ein Kunde schlecht von mir redet und mich dies den Job kosten könnte?«. Diese Frage ist berechtigt. Doch wenn wir von Beruf reden, so müssen wir von unterschiedlichen Szenarien ausgehen. Zum einen gibt es das Angestelltenverhältnis, zum anderen die Selbstständigkeit.

Schauen wir uns beide Situationen einzeln an:

Das Angestelltenverhältnis
Ein Angestelltenverhältnis basiert auf einem Arbeitsvertrag. Dieser Vertrag kann bei Unstimmigkeiten beidseitig gekündet werden. Natürlich haben viele Angestellte die Angst, dass der Vertrag aufgrund von schlechtem Gerede anderer vom Vorgesetzten gekündigt werden könnte. Einerseits könnten es die eigenen Kollegen sein, andererseits auch Kunden, die sich beim Vorgesetzten schlecht über den Angestellten äußern.

Wurde tatsächlich in Folge von schlechtem Gerede eine Kündigung ausgesprochen, so könnte es dafür unterschiedliche Ausgangslagen geben:

- Kündigung durch schlechtes Gerede des Kunden
Jedes Team sollte einen inneren Zusammenhalt haben. Dieser Zusammenhalt gilt auch dann, sollte sich eine Kundin oder ein Kunde mal wegen einer Unachtsamkeit oder den einen oder anderen Umstand über eine Mitarbeiterin oder einen Mitarbeiter auslassen. Wo gehobelt wird, fallen Späne. Wenn keine Späne mehr fallen dürfen und die Kunden als Personalmanager fungieren, ist der Betrieb in keiner natürlichen Situation, denn die Kunden haben die falsche Funktion und die Mitarbeiter werden per se als Schuldige betrachtet. Wer wegen eines solchen Vorfalles den Job verliert, ohne früher bereits abgemahnt worden zu sein, darf froh sein.
⇨ Bei dieser Arbeitsstelle würde man wohl nur dann langfristig glücklich werden, wenn man diese Form des Dauerstresses sucht.

- Kündigung durch schlechtes Gerede anderer MitarbeiterInnen
In jedem Team sollte man die Freiheit haben, eine gewisse Immunität untereinander genießen zu können. Diese Immunität fordert ein bestimmtes Maß an Toleranz. Das heißt, dass Mitarbeiterinnen und Mitarbeiter füreinander Toleranz aufbringen sollten, damit jede und jeder einen gewissen Spielraum in seiner Arbeitsweise hat. Und die Mitarbeiterinnen und Mitarbeiter dürfen nicht die Funktion der Personalmanagerin oder des Personalmanagers übernehmen, sondern alle Angestellten sollten einen Vertrag und eine Vorgesetzte oder einen Vorgesetzten haben, die oder der für die Überprüfung des Arbeitsverhältnisses verantwortlich ist.
In einem Team entsteht immer dann Unmut, wenn sich jemand ganz offenbar mehr erlauben darf als die anderen. Es ent-

steht ein Gefühl des Mangels unter den anderen Mitarbeitern. Bei ihnen kommen Gedanken auf wie: Weshalb sollte ich mich so sehr bemühen, wenn die Kollegen keinen Finger rühren und trotzdem Ende des Monats ihr Gehalt erhalten?. Einerseits ist diese Frage berechtigt. Andererseits vermittelt sie eine falsche Rolle: die Rolle der Vorgesetzten. Eine Vorgesetzte oder ein Vorgesetzter wird die Leistung ihrer oder seiner Angestellten früher oder später messen. Auf lange Zeit kann sich niemand Arbeitszeit, Leistung oder andere Ressourcen ergaunern. Früher oder später fällt es auf, wenn jemand auf Kosten anderer nachlässig oder faul ist. Wer sich in diese Verstrickungen einlässt und jemanden aus seinem Team bei den Vorgesetzten verrät, übermittelt ihnen damit, sie seien unfähig, ihr Personal selbst zu managen. Sollten die Vorgesetzten derart unsicher in ihrer eigenen Beurteilungsfähigkeit sein, schenken sie der Meinung derjenigen, die andere verraten, Beachtung, was wiederum negative Auswirkungen für die Betroffenen hat – ob die Vorwürfe nun stimmen mögen oder nicht. Und das alles zeigt nur eines:

⇨ Dieser Betrieb ist bestimmt keiner, in dem man langfristig glücklich werden kann. Sind Vorgesetzte so labil und simpel beeinflussbar, dass die Denunzianten unter den Mitarbeitern die wahren Entscheidungsträger sind, dann bedeutet die Arbeit dort Dauerstress, den niemand haben will.

Leidest du als Arbeitnehmerin oder Arbeitnehmer unter solchem Denunziantentum, so sei gewiss, dass dies meistens ein Ausdruck von Neid ist. Wenn die Vorwürfe dir gegenüber stimmen, so liegt es nicht in der Verantwortung der Mitarbeiterinnen und Mitarbeiter, den Missstand mit dir zu klären.

⇨ Wenn die Vorwürfe dir gegenüber stimmen, so frage dich selbst, wie es dazu kommen konnte und ob du an diesem Arbeitsplatz wirklich erfüllt bist. Sei ehrlich zu dir selbst und traue dich, Ausschau nach anderen Arbeitsstellen zu halten. Darin liegt die Chance für dich, eine Stelle zu finden, an der du echte Erfüllung erfährst und deine Vorgesetzten mit dir eine Mitarbeiterin oder einen Mitarbeiter bei sich wissen, die oder der echte Freude an der Arbeit hat. Niemand hat Schuld daran, wenn dich deine Arbeit nicht erfüllt. Aber man hat Mitschuld, wenn man ein Leiden künstlich verlängert, anstatt ehrlich zu sich selbst zu sein.

⇨ Wenn die Vorwürfe dir gegenüber nicht stimmen und vielleicht sogar völlig abwegig sind, so denke daran, dass die, die schlecht über dich reden, dein Image im Betrieb sogar verbessern können. Im Auge der Vorgesetzten erscheinst du dann nämlich als eine so starke Persönlichkeit, mit der sich diejenigen nicht trauen, selbst zu sprechen und das Problem zu klären, sondern dies lieber hinter deinem Rücken tun. Du flößt den anderen augenscheinlich Respekt ein, dass sie lieber petzen, als dich direkt anzusprechen. Dann solltest du das Gespräch mit den Vorgesetzten suchen. Am besten gehst du auf die Vorgesetzten zu, bevor diese auf dich zukommen. Dies verdeutlicht dein Engagement. Solltest du nichts von der Petzerei mitbekommen haben, dann sei deinem Vorgesetzten gegenüber ruhig offen erstaunt. Reagiere authentisch und rechtfertige dich nur so wenig wie nötig, es sei denn, eine ausführliche Rechtfertigung würde deinem authentischen Wesen entsprechen.

Die berufliche Selbstständigkeit

Wenn du beruflich selbstständig bist und fürchtest, dass sich schlechtes Gerede negativ auf dich und deine Selbstständigkeit auswirken könnte, so sei dir gewiss, dass dieses schlechte Gerede tendenziell ein Kompliment für dich bedeutet. Denn nur wer wirklich etwas Beeindruckendes leistet, kann zur Zielscheibe werden.

Bedenke, dass alle großen Persönlichkeiten dieser Welt über schlechtes Gerede hinwegblicken mussten. Wie schlecht über die großen Namen dieser Welt schon allein hinsichtlich ihrer Führungsqualitäten gesprochen wurde.

Bedenke, dass all jene Angestellten, denen das Arbeitsverhältnis gekündigt wurde, natürlich dazu tendieren, mit Wut zu reagieren. Wut ist ein Ausdruck der Angst. Wer wütend auf den Ex-Arbeitgeber reagiert, will damit vielleicht das Gefühl lindern, nicht genügen zu können. Das ist ganz normal. Wie in jeder Beziehung, die entgegen dem eigenen Willen zerbricht und in der man die eigenen Emotionen mit Wut kontrolliert. Wut ist dann in einer gewissen Form ein Ventil. Und all die großen Namen dieser Welt mussten sich anhören, dass sie schlechte Arbeitgeber seien. Dabei wird vergessen, dass sie ihnen als Arbeitgeber eine Chance geboten haben. Wie in jeder privaten Beziehung auch sollte man letztendlich die gemeinsame Zeit als Bereicherung sehen oder zumindest dem Ganzen etwas Positives abgewinnen. Andernfalls hätte man ja die Beziehung jederzeit von sich aus beenden können.

Wer sich als Selbstständige oder Selbstständiger vom schlechten Gerede beirren lässt, verdeutlicht, dass sie oder er nicht bei sich selbst ist. Die Sportler, die während des Wettkampfes ständig das Verhalten der Mitstreiter beobachten, analysieren und kalkulieren, verlieren das Auge, den Fokus und die Konzentration auf sich selbst und die eigene Leistung und Energie.

Je bekannter du wirst, je erfolgreicher und größer du auch wirtschaftlich wirst, desto mehr wird automatisch schlecht von dir gesprochen. Es ist Ausdruck von Neid, Missgunst und eigentlich eine Form von Ansehen. Jeder Pharmakonzern muss sich schlechtes Gerede anhören – von den Pharmagegnern. Jede medizinische Arbeitskraft muss sich schlechtes Gerede anhören – von den Medizingegnern. Jeder Sportler muss sich schlechtes Gerede anhören – von den Kritikern. Jeder Musiker muss sich schlechtes Gerede anhören – von den Nörglern. Ganz egal, was du tust:

- Sobald du gut in dem wirst, was du tust, wird man schlecht von dir oder deiner Arbeit reden. Sobald das geschehen ist, weißt du, dass du etwas geschafft hast, worum andere dich beneiden.

Mitleid bekommt man geschenkt.
Neid muss man sich erarbeiten.

Deine Zielgruppe

Welche ist deine Zielgruppe?

Ich bin sicher, dass du das Wort »Zielgruppe« nur aus dem beruflichen Bereich kennst. Doch im Grunde ist es ein Begriff, der dich auch im privaten Alltag etwas angeht.

Welche ist deine Zielgruppe für ein Arbeitsteam, dem du dich anschließen möchtest?

Welche ist deine Zielgruppe für Freundschaften oder für eine Liebesbeziehung?

Die einen wissen ganz genau, was sie wollen: Ihre Traumfrau oder ihr Traummann muss genau diese und jene Eigenschaften aufweisen. Im Grunde ist dies eine Art »Zielgruppe« in Hinblick auf die Liebe des Lebens.

Verwenden wir doch mal für den privaten Bereich statt des Begriffs *Zielgruppe* den des *ehrlichen Menschen* oder des *bedingungslosen Menschen*.

Im beruflichen Alltag brauchst du die richtige Zielgruppe, und im privaten Alltag brauchst du Menschen, die dich bedingungslos lieben, so wie du bist.

Die private Zielgruppe

Hat schlechtes Gerede über dich Einfluss auf dein Arbeitsteam, auf deine Freunde und Bekannten oder auf deinen Beziehungspartner, so ist dies ein guter Test für die Prüfung der Echtheit der Beziehung zu dir. Denn wenn du im Arbeitsteam als Mensch angenommen wirst und du von Freunden als Mensch bedingungslos geliebt wirst, so auch von deiner Partnerin oder deinem Partner, dann kann schlechtes Gerede dem Bild, das die *bedingungslosen Menschen* von dir haben, keinen Abbruch antun.

Im Gegenteil: Die Beziehung wird dadurch meist nur noch gestärkt.

Hat folglich schlechtes Gerede einen Einfluss auf dein Arbeitsteam, deine Freundschaften oder deine Beziehung, so weißt du, dass du nur bedingt akzeptiert, gemocht und geliebt wirst. Man liebt nicht deine Persönlichkeit, deinen Charakter oder dein Wesen, sondern nur eine bestimmte Eigenschaft an dir; vielleicht dein Ansehen und den Vorteil, den du anderen dadurch gibst; dein Vermögen; deine Macht; dein Einfluss auf einen anderen Menschen oder andere vergleichbare Parameter, die nicht deine Person ausmachen, sondern eine grundsätzlich personenunabhängige Eigenschaft sind. Diese Eigenschaft ist nicht personenabhängig, weil sie sich jeder erarbeiten kann und dann diese bedingte Liebe erfährt. Wenn du für dich selbst mehr Klarheit haben möchtest, ob du bedingungslos geliebt wirst, so stell dir folgende Frage:

- Wenn diese Person mich ohne diese besonderen, personenunabhängigen Eigenschaften kennengelernt hätte, wäre ich dann auf dieselbe Weise geliebt worden?

Achtung:

Wenn du dieser Person gegenüber schon länger Angst hast, nicht zu genügen, dann kann es sein, dass du dir die Antwort nicht wirklich selbst geben kannst, weil dein Gefühl von deiner eigenen Angst getrübt ist.

Allgemein ist die Antwort, die du dir durch Beantwortung dieser Frage selbst gibst, keineswegs immer verlässlich oder allgemein gültig.

- Im besten Fall siehst du ein, dass du als Mensch mit deinem Charakter und deinem Wesen geliebt wirst. Oder du stellst dir die tiefer gehende Frage, ob du wirklich als Mensch geliebt wirst, oder ob es nur die personenunabhängige Eigenschaft ist, die du mitbringst, welche geliebt wird.

Sollten sich also Menschen aus deinem privaten Umfeld von schlechtem Gerede über dich beeinflussen lassen, so weißt du, dass diese nicht zu deinem wirklich ehrlichen privaten Umfeld gehören. Immer dann ist dieses Geschehnis eine Art Filter, der die Unehrlichen (weil sie so tun, als würden sie dich mögen, doch in Wirklichkeit mögen sie nur einen Vorzug, den du bietest) von den Ehrlichen absondert. Nutze diese Gelegenheit zur Klarheit.

- Manchmal muss man eben auch die falschen Freunde aus dem privaten Umfeld ausmisten. Und wenn sie dann schlecht von dir reden, weißt du, dass es die richtige Entscheidung war.

Die berufliche Zielgruppe
Ähnlich verhält es sich im Grunde in beruflicher Hinsicht. Es gibt echte Kunden, die dich oder das Produkt eurer Firma richtig mögen. Und es gibt diejenigen, die nur eine bestimmte Eigenschaft an dir oder deinem Produkt mögen.

Jedes Produkt hat eine Seele. Jede Firma hat eine Seele. Und auch jede Dienstleistung hat eine Seele. Im Berufsjargon spricht man sogar von der *Corporate Soul*. Diese »betriebliche Seele« ist die Energie, die du, deine Dienstleistung, dein Produkt, deine Firma oder die Mitarbeitenden ausstrahlen. Die *Corporate Soul* kann nicht in Worte gefasst werden. Sie kann auch nicht kopiert werden. Sie kann einfach nur erfahren werden.

Wenn schlechtes Gerede von Kunden, ehemaligen Mitarbeiterinnen oder Mitarbeitern oder von anderen Personen andere Kunden beeinflussen kann, so lieben diese nicht das Produkt oder die Leistung. Sie lieben nicht die Persönlichkeiten dahinter. Sie lieben nicht die *Corporate Soul*. Sondern sie lieben nur gewisse Eigenschaften der Personen in der Firma, deren Dienstleistung oder bestimmte Vorteile durch das Beanspruchen der Firma, des Produktes oder der Dienstleistung.

Kunden, die nicht die Seele des Betriebes lieben, werden tendenziell früher oder später zu relativ anstrengenden Kunden, weil sie die Firma oder die Dienstleistung nicht in ihrer Fülle erkennen, sondern nur fixiert sind auf eine bestimmte Eigenschaft.

Beispiel:

- *Die beste Pizza der Stadt*
  Eine Pizzeria wird in der Zeitung als der Ort für die beste Pizza der Stadt erkoren. Mit diesem Artikel bekommt diese Pizzeria Öffentlichkeit. Dort gibt es Stammkunden, die schon vor der Veröffentlichung des Artikels ihre Pizzen mochten. Neu hinzu kommen Kunden, die vom anderen Ende der Stadt her anreisen, um die beste Pizza der Stadt zu genießen.

Einer der neuen Kunden betritt die Pizzeria. Er ist in Begleitung einer Frau in nobler Abendgarderobe. Er sagt zu seiner Begleitung: »Ich habe dir etwas Besonderes versprochen. Deshalb genießen wir heute Abend die beste Pizza der Stadt.«

Der Kunde lässt das Personal der Pizzeria wissen, dass er für seine Begleitung die beste Pizza und auch den besten Tropfen dazu will.

Da er nicht die Pizzeria und ihre Seele liebt, sondern nur diesen einen Vorzug der »besten Pizza der Stadt«, kann er sich auch gar nicht auf die Seele der Pizzeria einlassen. Und vor allem will er sich auch gar nicht auf die Seele des Betriebes einlassen. Sondern nur auf diese eine Hervorhebung durch den Zeitungsartikel.

Der Inhaber der Pizzeria freut sich in erster Linie, weil er feststellt, dass ganz neue Kunden zu seiner Pizzeria finden. Doch er kennt das Prinzip der richtigen Zielgruppe nicht. Denn dieser eine neue Kunde mag nicht die Pizzeria als Ganzes, sondern mag nur die gezeigte Aufmerksamkeit seitens der Presse. Deshalb bemängelt der neue Kunde die Flecken von der Spülmaschine auf dem Besteck, dass die Bedienung zu wenig aufmerksam sei und er und seine Begleitung zu lange auf das Servieren der Pizza hätten warten müssen. Der Inhaber der Pizzeria entschuldigt sich höflich bei seinem neuen Kunden, weil er ihn unbedingt von der Qualität seiner Pizzeria überzeugen will. Und das, obwohl der neue Kunde ganz offensichtlich nicht die Seele der Pizzeria liebt, sondern nur deren Auszeichnung für die beste Pizza der Stadt.

Die Folge könnte sein, dass der Kunde vielleicht immer wieder zum Essen kommt und das ganze Personal jedes Mal wie auf Nadeln steht, weil der Kunde dafür bekannt ist, immer etwas zu bemängeln.

Die Konsequenz:

- Für die Zufriedenheit dieses einen Kunden wird sehr viel Aufwand, Zeit und Energie investiert. So viel, dass die Stammkunden zu kurz kommen. Die Stammkunden, die eigentlich die Pizzeria am Leben erhalten und deren Seele lieben – und nicht die Spülmaschine, die keine Flecken mehr auf dem Besteck hinterlässt.

- Wenn der Inhaber der Pizzeria dies nicht einsieht, wird er letztendlich die Stammkunden verlieren, weil diese nicht mehr damit umgehen können, dass die Pizzeria gerade ihre Seele verliert. Und anschließend wird er auch die neuen, anspruchsvollen Kunden verlieren, die noch nie die Seele der Pizzeria geliebt haben, sondern nur eine Pressemitteilung über die Pizzeria, und die mit dem nächsten Artikel weiterziehen.

Das Beispiel zeigt:

Eine positive Berichterstattung ist auf den ersten Blick positiv. Doch zugleich hat sie auch etwas Negatives. Weil die potenzielle Kundschaft damit erweitert wird und so auch Kunden angezogen werden, die nicht zur Seele des Betriebes passen, und die nur kommen, weil es einen positiven Bericht gab. Sie kommen wegen der Kür, nicht aber wegen der Seele des Betriebes. Hier hat ein positiver Bericht die Zielgruppe erweitert und somit verfälscht, sprich die falschen Kunden angezogen, die dann die Energie der Firma beansprucht haben, wodurch die ehrlichen Stammkunden vernachlässigt wurden, jene, die die Seele der Firma lieben.

»Falsche Kunden« gehören nicht zu jenen, die die in der Firma (der Pizzeria) arbeitenden Menschen, ihre Leistung und damit die Geschichte und Seele der Firma lieben, sondern sich nur auf einen einzigen Vorzug stürzen. Immer dann, wenn Kunden auf diese Art beeinflusst zu dir kommen, weißt du, dass sie nicht deine wahren Kunden sind, sondern dass sie früher oder später sowieso abgesprungen wären und dich vielleicht noch so weit beeinflusst hätten, die Seele deines Betriebes zu verändern – zugunsten ihrer Zufriedenheit.

- Kunden, die durch schlechtes Gerede über euer Team, eure Leistung oder den Betrieb allgemein beeinflusst werden, sind nicht eure richtige Zielgruppe. Finde heraus, wer eure Firma, eure Leistung und die betriebliche Seele wirklich liebt.

Dem schlechten Gerede zuvorkommen

Es gibt ein spannendes Phänomen, sobald jemand das Gefühl hat, eine andere Person würde schlecht von ihr oder ihm reden: den Versuch, der anderen Person zuvorzukommen.

Der Klassiker:
Die Angestellte hat das Gefühl, ihre Mitarbeiterin würde sich bei der Belegschaft schlecht über sie äußern. Noch bevor dieses falsche Gerücht zu den Vorgesetzten durchdringen kann, will sie dem zuvorkommen und verbreitet Unmut über die oder den Verursacher/in bei ihren Vorgesetzten, allein für das Gefühl, einem möglichen Rivalen im Vorfeld den Wind aus dem Segeln genommen zu haben. Tatsächlich aber schadet sie sich selbst – und das aus mehreren Gründen:

• *Schlechtes Image*
Wenn die Angestellte herumerzählt, es gäbe Menschen, die schlecht von ihr reden, glaubt sie, ihnen zuvorkommen zu können. Das gelingt ihr auch. Den noch unwissenden Dritten allerdings macht sie überhaupt erst darauf aufmerksam, dass man schlecht über sie redet. Also drückt sie damit im Grunde genommen aus, eine Person zu sein, über die schlecht geredet wird. Da-

mit kommuniziert sie dem noch unwissenden Dritten unbewusst, dass sie eigentlich ein schlechtes Image hat.

⇨ Viel besser wäre es, den Vorgesetzten im Vorfeld (und beständig) zu zeigen, wer man selber ist. Wenn sich dann Rivalen negativ über einen äußern, fällt dieses Gerede nicht auf fruchtbaren Boden.

• *Man ist selbst nicht besser*
Wer anderen zuvorkommen will und erzählt, dass sich eine andere Person negativ über sie oder ihn äußere, ist kein bisschen besser als jene, die schlechtes Gerede verbreiten. Schließlich äußert sich diese Person ja damit auch negativ über einen anderen Menschen.

Außerdem könnte der Mensch, der sich dieses Gerede anhören muss, eine andere Ausgangslage als man selbst haben:

Eigenes Motiv
Er könnte ebenso von schlechtem Gerede betroffen sein und darunter leiden. Es könnte ihn also abschrecken, wenn sich jemand über jemand anderen negativ äußert.

Auch wenn man sich selbst als Opfer eines schlechtredenden Dritten sieht, ist damit das eigene Verhalten nicht zu entschuldigen. Denn angesichts des schlechtredenden Dritten, den man nun vorbelastet, um ihm zuvorzukommen, ist man selbst doch die oder der Erste, die oder der schlechtredet: Wer hat also angefangen?

Vorgesetzte und Mitarbeiterkonflikte
Wenn die Mitarbeiterin den Vorgesetzten erzählt, dass sich ihre Rivalin negativ über sie äußert und das Gerede überhaupt nicht

stimmt, ist sie angesichts ihrer Vorgesetzten die Erste von beiden, die sich negativ äußert. Damit stellt sie sich selbst ein Bein. Sollten die Vorgesetzten ebenso von schlechtem Gerede betroffen sein, könnte diese Situation die Vorgesetzten sogar triggern und eine Ablehnung zur Folge haben.

Verbündung

Andererseits besteht auch beim Beispiel des Büro-Konfliktes die Möglichkeit, dass sich die Vorgesetzten mit der Mitarbeiterin verbünden, die erzählt, dass ihre Rivalin Unwahrheiten über sie verbreitet. Dies geschieht aber nur dann, wenn die Vorgesetzten nicht nur selbst aktuell Opfer von schlechtem Gerede sind. Verbündung entwickelt sich auch, wenn die Person, die schlechtredet, dieselbe ist, unter deren Gerede auch die Vorgesetzten leiden. Nur dann besteht die Möglichkeit zu einem Bündnis. Nur bedenke, dass ein Bündnis nie die ehrlichste Form des Zusammenseins darstellt. Wenn der ahnungslose Dritte, dem von einem Konflikt erzählt wird, der sie oder ihn auch selbst betrifft und somit die Person, die schlecht von einem redet, ein gemeinsamer Feind ist, besteht die Möglichkeit zu einem Bündnis.

Rettung

Ebenso besteht die Möglichkeit, dass die Person, die vorab berichtet, dass ihre Rivalin sie verunglimpfe, von den Vorgesetzten gerettet werden will. Meist ist das der Fall, wenn es sich um eine Vorgesetzte oder einen Vorgesetzten handelt, die oder der selbst einmal miterlebt hat, wie jemand unter Verunglimpfungen litt. Manchmal genügt da schon ein eigenes Beispiel aus dem privaten Bereich: Die Vorgesetzte ist Mutter und musste miterleben, was ihr Kind beim Mobbing in der Schule durchlebte, dem der Lehrer nicht glaubte und wo niemand eingriff. Der Konflikt im Büro gleicht den eigenen Erfahrungswerten. Ist dies nicht der Fall, ist ein Zuvorkommen eher nicht zu empfehlen. Weil dadurch eine schlechte Energie durch einen selbst als Medium transportiert wird und damit automatisch einen Bezug zu einem selbst hat.

> Es ist nicht ratsam, andere Personen vor dem Gerede um die eigene Person vorwarnen zu wollen, insbesondere dann nicht, wenn die Warnung nur eine Reaktion auf eine eigene Verletzung ist.
>
> Wer warnt, sagt meist viel mehr über sich selbst aus als über den nicht anwesenden Dritten.

Und bedenke: Du machst dann sogar Werbung für diesen Dritten und fungierst dann im übertragenen Sinne als Kupplerin oder Kuppler.

Gib den Worten keine Bühne

Du kennst es vielleicht: Du triffst auf einen Menschen, der dir gegenüber bisher eigentlich nur gut eingestellt war. Du vertraust dich ihm an, beginnst zu erzählen, jemand habe etwas Schlechtes über dich erzählt und willst diesem schlechten Gerede gleich den Wind aus dem Segel nehmen. Dafür bedienst du dich vielleicht einer etwas ironischen oder sarkastischen Art, indem du das, was über dich erzählt wird, ins Lächerliche ziehst.

Beispiel:
• *Im Arbeitsteam*
Deine Mitarbeiterin erzählt über dich, du seist faul. Weil du das als Frechheit empfindest, erzählst du das bei deinem nächsten Gespräch deinem Chef.
Du erzählst es aber auf eine ironische Weise, indem du sagst: »Sie haben ja bestimmt auch schon über mich sagen hören, ich wäre faul. Und ja, ich bin ja so sagenhaft faul! Fauler geht es kaum noch!«
Indem du diese Worte, zumindest die zweite Hälfte davon, in einer ironischen oder sarkastischen Weise formulierst, glaubst du, dem Ganzen den Boden zu entziehen.

153

Doch das geschieht nicht.

Das Unterbewusstsein des Chefs hört lediglich: »Sie ist faul.« heraus. Und das ist das Problem, das viele nicht verstehen: Das menschliche Unterbewusstsein kann sich Negationen nicht vorstellen.

Negationen sind Verneinungen:

Wenn du jemandem sagst: »Ich habe noch nie etwas gestohlen!«, dann stellt sich dein Gegenüber vor, wie du stiehlst. Wenn du jemandem sagst: »Ich habe noch nie etwas Schlechtes über dich gesagt!«, dann kommt das Gegenüber überhaupt erst auf die Idee, du könntest etwas Schlechtes über sie oder ihn gesagt haben.

⇨ Du kannst also nicht verneinen und erwarten, dass das Unterbewusstsein deines Gegenübers nicht jene Bilder produziert, die du gerade nicht haben möchtest.

Noch schlimmer wäre es, nicht mal zu negieren, sondern nur mit übermäßiger Ironie oder Sarkasmus zu reagieren. Auch dann ist die Botschaft, die der Satz transportiert, für das Unterbewusstsein deines Gegenübers in dem Moment wahrer als deine Ironie und dein Sarkasmus.

Wiederholst du die Vorwürfe, die gegen dich im Raum stehen und dies auch noch auf ironische oder sarkastische Art, dann hilfst du im Grunde genommen sogar jenen, die schlecht von dir reden: Du gibst ihrer Meinung von dir eine Bühne.

Wenn du also deinem Chef ironisch sagst: »Oh ja, ich bin ja so faul. Fauler geht es kaum noch!«, so kreiert er die Vorstellung, dass du bei der Arbeit faul bist. Und von da an ist die Vorstellung in seinem Kopf.

Gibst du dem schlechten Gerede eine Bühne, dann tust du dir selbst keinen Gefallen. Schlechtes Gerede sollte für dich völlig unwichtig und nicht der Rede wert sein. Je mehr du öffentlich gegen diese Worte kämpfst, umso präsenter sind die Worte für diejenigen, die das Gerede nicht glauben sollen. Viel sinnvoller wäre es, das Gerede im Keim zu ersticken, indem du den Worten keinerlei Beachtung schenkst.

⇨ Wenn du dir selbst etwas Gutes tun willst und wenn du die Wahrscheinlichkeit erhöhen willst, dass dein Gegenüber diesem schlechten Gerede keinen Glauben schenkt, wäre es sinnvoller, dass du dein Gegenüber im Vorfeld von deiner wirklichen Energie, deinem wirklichen Wesen und deinen wirklichen Werten überzeugst.

Je authentischer du bist, desto unwahrscheinlicher wird dein Gegenüber dem schlechten Gerede Glauben schenken.

Authentizität ist wie eine Imprägnierung gegen schlechtes Gerede. Je weiter du deine Energie, deine positive Ausstrahlung und deine Werte verbreitest, desto geschützter bist du vor schlechtem Gerede.

Du könntest höchstens mal einen Satz fallen lassen, im Sinne von: »Ja, wir wissen ja, dass Menschen gerne über andere Menschen reden.«. Damit lässt du die Person wissen, dass es dich nicht wundern würde, wenn sich jemand über dich auslässt. Mehr Aufmerksamkeit hat das schlechte Gerede nicht verdient.

Gib schlechtem Gerede über dich keine Bühne, denn das ist

wie ein Fenster, das du öffnest, während im Raum ein Feuer um sich greift. Ersticke schlechtes Gerede mit deiner Decke der Liebe, der Authentizität und deiner positiven Ausstrahlung.

Bedingungslose Verbundenheit und Selbstwert-Bewusstsein

In den Therapiesitzungen hatte ich selten Klientinnen oder Klienten, die explizit als Konsultationsgrund angegeben haben, dass sie Angst haben, andere könnten schlecht von ihnen reden. Und doch war dieses Thema in sehr vielen Therapiesitzungen vertreten. Aber nicht offensichtlich, sondern inkognito. Denn sehr vielen Sitzungsthemen ging bei den Klientinnen und Klienten eine Form des schlechten Geredes voraus. Sei es, dass jemand aufgrund schlechten Geredes gelitten hat oder ihnen sogar direkt gesagt wurde, was man von ihr oder ihm hält. Manche dieser Geschehnisse reichten sogar in die Kindheit zurück.

Prägung in der Kindheit
Viele Klienten, die meine Praxis aufsuchten, wurden in ihrer Kindheit geprägt.

Diese Prägung geschah nicht immer akzidentiell (also zufällig, und nicht durch eine bewusste Handlung oder Aussage eines Menschen herbeigeführt). Die meisten Prägungen in der Kindheit und Jugend der Klientinnen und Klienten waren durch andere Menschen herbeigeführt worden, also interpersonell. Muss ein Kind von seinem Vater hören, dass es nichts auf die Reihe kriege oder ihm nicht genüge, so ist dies im Grunde schon eine erste Erfahrung im Zusammenhang mit dem Gefühl, jemandem nicht zu genügen, weil dieser Mensch nicht liebevoll über einen denkt. Die gleiche Angst entsteht, wenn aus der direkten Aussage ein Handeln resultiert, wie beispielsweise eine Form der emotionalen Erpressung, der Ausgrenzung oder der Sanktionierung. Das größte Problem unserer Gesellschaft ist, dass Kinder von ihren Eltern das Gefühl vermittelt bekommen, nicht zu genügen. Daraus resultiert das Gefühl, nicht geliebt zu werden. Doch jedes Kind braucht Liebe. Denn Liebe ist eine Form der Verbundenheit.

Verbundenheit

Für unser Unterbewusstsein ist Verbundenheit das wohl wichtigste, tiefste und bereicherndste Gefühl überhaupt. Die Begründung ist auch sehr logisch: Wir alle existieren dank der Verbundenheit. Wir alle wachsen in der Verbundenheit heran. Im Mutterleib waren wir alle über die Nabelschnur mit unserer Mutter verbunden. Diese gewebliche Verbindung haben wir, wenn nicht bewusst, dann unbewusst wahrgenommen. Denn unser Unterbewusstsein existierte bereits pränatal.

Wir erlernen im Mutterleib das Prinzip, nur dank der direkten, körperlichen Verbundenheit lebensfähig sein zu können. Also kreieren wir spätestens bei der Geburt, wenn diese wichtigste – organische – Verbindung auf einmal durchtrennt wird, das Bewusstsein für das Gegenteil: fehlende Verbundenheit sei lebensbedrohlich. Wir realisieren, dass wir zwar keine gewebliche Verbundenheit mehr haben, dafür aber die Verbundenheit über Berührungen, Präsenz und Fürsorge der Mutter oder der Eltern benötigen. Gibt dann ein Elternteil dem Kind das Gefühl, nicht zu genügen, so wird im Unterbewusstsein dieses Kindes genau dieses Bewusstsein zur Angst: Die Verbindung zu den Menschen, die einem Schutz, Nahrung und Liebe ermöglichen, droht abzubrechen.

Folglich tut es jedem Kind weh, wenn ihm Vater oder Mutter zu spüren geben, nicht zu genügen oder nicht willkommen oder nicht geliebt zu sein.

In meinen Therapiesitzungen vermittelte ich meinen Klientinnen und Klienten, dass ihre Eltern nur deshalb so reagiert haben, weil sie selbst im Mangel waren.

Der Vater konnte seinem Jungen nicht die Liebe geben, die sein Sohn gebraucht hätte. Weil der Vater selbst diese Liebe nie erfahren hat. Und jedes Mal, wenn er seinen Sohn umarmt, wird dem Vater sein Mangel deutlich und ruft ihm in Erinnerung, dass er diese Liebe nicht bekommen hat.

Genau das spielt sich auch ab, wenn die Mutter der Tochter keine Liebe geben kann. Meist können Mütter, die selbst wenig Liebe in der Kindheit erfahren haben, ihren Söhnen die Liebe besser zeigen als ihren Töchtern. Wenn sie ihre Töchter umarmen, erinnert sie das an ihre eigene Vergangenheit, wie auch jene Väter ihren Töchtern mehr Liebe entgegenbringen, weil sie durch ihre Söhne an ihre eigene Vergangenheit erinnert werden.

Ich vergleiche das immer mit dem Kontostand im Minus, bei dem man gezwungen wird, ihn sich jeden Tag anzuschauen. Ein Liebes-Konto mit einem Liebes-Vermögen darauf tut jenen Eltern weh, die in der Kindheit weniger Liebes-Vermögen seitens ihrer Eltern auf dem Liebes-Konto hatten.

Dem Menschen ist es von Grund auf wichtig, dass seine Verbundenheit zu anderen nicht abbricht. Deshalb tut es dem Menschen schon in seiner Kindheit weh, wenn Mutter oder Vater schlecht von ihm denken oder schlecht über ihn sprechen. Als Erwachsene fällt es diesen Menschen schwer, manche Entscheidung zu treffen, aus Angst, Verbindungen zu verlieren.

Beispiele:
- *Die tiefer liegende Angst der Erwachsenen*
- Menschen bleiben in einer unglücklichen Beziehung, weil das Gefühl, abgestoßen zu werden (keine Verbindung) schlimmer ist, als in der Beziehung zu bleiben.
- Menschen bleiben bei einer Arbeitsstelle, bei der sie nicht glücklich sind, weil der Leidensdruck, keinen Anschluss mehr zu haben, größer wäre, als bei der unerfüllten Arbeitsstelle zu bleiben.
- Menschen trauen sich nicht, eine Idee umzusetzen, die andere, mit denen sie verbunden sind, schlecht finden könnten.
- Menschen trauen sich nicht, zu ihrer Meinung zu stehen, aus Angst, abgelehnt zu werden.
- Menschen lassen sich herumkommandieren, aus Angst, ausgeschlossen zu werden, sobald sie sich selbst auch wichtig nehmen.

Doch was braucht der Mensch, damit er sich von der Angst davor, was andere von ihm halten, verabschieden kann?

Wenn diese Angst mit dem unterbewussten Konzept einhergeht, nicht mehr verbunden zu sein, dann braucht der Mensch
- die Einsicht zur bedingungslosen Verbundenheit.

Wir alle sind bedingungslos verbunden. Wir alle werden immer wertvolle Verbindungen zu Menschen, zu Tieren, zum Universum, zur Natur – zur Göttlichkeit haben.

Bedingungslose Verbundenheit bedeutet zu wissen, zu verstehen und zu fühlen, dass wir bedingungslos verbunden, akzeptiert und geliebt werden könnten – wenn wir es zulassen. Vielleicht nicht von allen Menschen, auf jeden Fall aber von den richtigen Menschen, Tieren oder der Natur – die uns so lieben, wie wir sind. Mit allen Ecken, Kanten und Macken. Weil genau die uns zu einem Unikat machen! Vergiss nicht: Du genügst nicht nur. Du genügst mehr als nur!

Beispiele:

• *Unbewusste Gewissheit, verbunden zu sein*
Menschen bleiben in einer unglücklichen Beziehung, weil das Gefühl, abgestoßen zu werden (keine Verbindung) schlimmer ist, als in der Beziehung zu bleiben, aber:
⇨ Wenn sie eine neue Verbindung zu einer neuen Liebe herstellen, entwickeln sie den Mut, sich zu trennen.
Menschen bleiben bei einer Arbeitsstelle, bei der sie nicht glücklich sind, weil der Leidensdruck, keinen Anschluss mehr zu haben, größer wäre, als bei der unerfüllten Arbeitsstelle zu bleiben, aber:
⇨ Wenn sie ein anderes Jobangebot erhalten, trauen sie sich, ihre alte Arbeitsstelle zu kündigen.
Menschen trauen sich nicht, eine Idee umzusetzen, die andere, mit denen sie verbunden sind, schlecht finden könnten, aber:

161

⇨ Wenn sie ausschlaggebende Personen um sich herum wissen, die hinter ihnen und ihrer Idee stehen, so entwickeln sie den Mut, sie durchzusetzen.

Menschen trauen sich nicht, zu ihrer Meinung zu stehen, aus Angst, abgelehnt zu werden, aber:

⇨ Wenn sie wissen, dass sie die Anerkennung bestimmter Menschen nicht brauchen, weil sie die Anerkennung von anderen ihnen wichtigen Menschen erhalten, so entwickeln sie den Mut, ihre eigene Meinung auszusprechen.

Menschen lassen sich herumkommandieren, aus Angst, ausgeschlossen zu werden, sobald sie sich selbst auch wichtig nehmen, aber:

⇨ Wenn sie jemanden um sich herum wissen, die oder der sie liebevoll behandelt und ihnen die Liebe geben kann, die sie sich wünschen, so entwickeln sie den Mut, sich nicht mehr alles bieten zu lassen.

Wenn wir uns also die Gewissheit geben, dass wir andere Verbindungen haben, denen wir Raum geben dürfen und dann jemand die Verbindung zu uns trennt, so sind wir viel mehr in unserer Kraft und handeln nicht mehr nur aus der Angst heraus, nicht mehr verbunden zu sein.

Im Handeln aus Angst entsteht eine Gesellschaft aus Mangel.

Und das Schwierige am Mangel ist, dass er sich epidemisch verbreiten kann.

Beispiel:

- *Straßenverkehr*

Im Straßenverkehr wird einem die Vorfahrt genommen, der Fahrer, der stehen bleiben muss, fühlt sich im Mangel. Man hat ihm außer der Vorfahrt auch Zeit oder den Seelenfrieden geraubt. Dieser Mensch tendiert dazu, diesen Mangel wieder zu füllen, indem er bei der nächsten gelb/roten Ampel noch knapp durchfährt, um die Zeit wieder aufzuholen, damit nimmt er einem anderen Fahrer die Vorfahrt – und so verbreitet sich der Mangel immer weiter wie über Dominosteine, die umfallen.

Es ist wichtig, dass wir uns nicht abhängig machen lassen, mit gewissen Menschen verbunden zu sein! Diese Erkenntnis braucht manchmal etwas Zeit, bis sie richtig wahrgenommen wird.

Neben der Verbundenheit ist das eigene *Selbstwert-Bewusstsein* sehr wichtig.

Selbstwert-Bewusstsein ist nicht einfach nur Selbstbewusstsein, sondern bedeutet, sich selbst *seines Wertes bewusst* zu sein. Das ist vielleicht leichter gesagt als getan. Doch tatsächlich haben wir alle ein Selbstwert-Bewusstsein. Wir müssen es nur reaktivieren!

Mit den folgenden Übungen will ich dir zeigen, wie du deinem Unterbewusstsein nicht nur das Gefühl der bedingungslosen Verbundenheit gibst, sondern wie du dich selbst auch an dein Selbstwert-Bewusstsein erinnerst und dieses in der Verbindung mit der Verbundenheit auferstehen lässt.

Übung
Bedingungslose Verbundenheit

- Schließe deine Augen.
- Erinnere dich an einen Menschen, von dem du dich bedingungslos geliebt gefühlt hast oder es immer noch tust, und den Menschen, den auch du bedingungslos geliebt hast oder es immer noch tust.
- Stell dir vor, wie die Verbindung zu diesem Menschen aussehen würde – wie ein Lichtstrahl von Herz zu Herz, oder ein Band von Brust zu Brust, oder eine Schnur von Bauch zu Bauch.
- Stell dir vor, wie diese Verbindung bleibt. Immer und von überall aus.
- Stell dir vor, welche neuen schönen bedingungslosen Verbindungen entstehen würden, wenn du auf eine Verbindung verzichten würdest, die dir aktuell gerade nicht guttut oder die drohen könnte abzubrechen, wenn du dein Verhalten, deine Aussagen oder deine Einstellung ändern würdest.
- Öffne die Augen wieder.

Praktiziere diese Übung der bedingungslosen Verbundenheit zuerst über ein paar Tage, bevor du die Übung des Selbstwert-Bewusstseins anwendest.

Übung
Selbstwert-Bewusstsein

- Schließe deine Augen.
- Erinnere dich an einen Moment, in dem du stolz warst auf dich, auf deine Reaktion, auf deine Aussagen, auf deine Handlung oder auf deine Denkweise.
- Stell dir vor, wie dein Selbstwert in diesem Moment glänzte. Stell dir deinen Selbstwert plastisch vor – wie eine Energie, eine Farbe oder etwas Symbolisches, das du in deinem Körper, in deinem Geist und in deiner Seele spüren kannst.
- Stell dir vor, wie die Menschen, die dich so lieben, wie du bist, stolz auf dich gewesen wären, wenn sie diesen Moment miterlebt hätten.
- Öffne die Augen wieder.

Diese beiden Übungen sollen dir dabei behilflich sein, dein Unterbewusstsein positiv zu programmieren, sodass du lernst, deinen unvergleichbaren Wert selbstbewusster zu erkennen. Und du sollst auch lernen zu spüren, dass du immer verbunden bist und nicht auf Verbindungen angewiesen bist, die dir auf Dauer nicht guttun und dir keine Weiterentwicklung oder einen anderen für dich essenziellen Mehrwert bieten können.

Wenn du spürst, dass du mit deiner Vergangenheit arbeiten musst, um Verletzungen heilen zu lassen, die dich in der Kindheit oder Jugend geprägt haben, so bedenke, dass ein begleitender

Prozess im Rahmen einer Grundtherapie bei solcher Arbeit ganz wichtig ist.

Denn du musst lernen, das Verhalten des damaligen – dich vielleicht verletzt habenden Menschen – von dir abzugrenzen. Das Verhalten dieses Menschen hatte nichts mit dir zu tun. Du hast ihn nur an seine eigene Vergangenheit erinnert. Aber jede oder jeder andere hätte das vielleicht auch getan. In dem Fall warst eben *du* der Trigger. Dafür kannst du nichts. Und die Person, die dich verletzt hat, wollte nicht dich verletzen, sondern sich selbst davon abhalten, in die eigene Vergangenheit zu blicken. Hat er dich trotzdem verletzt, so in Wirklichkeit nicht dich, sondern sich selbst.

Gib diesem Menschen sein eigenes Thema zurück. Schließe die Augen und sprich in Gedanken zu diesem Menschen. Sag diesem Menschen folgende essenzielle Worte:

Was du damals getan hast, hast du nicht mir angetan, sondern dir selbst. All das hatte nichts mit mir zu tun. Es war deine Geschichte. Und es waren auch deine Verletzungen. Ich gebe dir deine Verletzungen hiermit offiziell zurück! Und ich beginne ab heute, dir langsam dafür zu vergeben – für den beidseitigen inneren Frieden. Ich wünsche dir, dass auch du deinen Frieden findest.

Vom Mut, zu dir selbst zu stehen

Der Mensch erlebt von klein auf viele Prägungen, die ihm das Gefühl geben, von der Meinung anderer abhängig zu sein. Wir fürchten, nicht mehr geliebt zu werden, wenn wir nicht das tun, was anderen gefällt, wenn wir nicht das sagen, was anderen gefällt oder wenn jemand schlecht von uns spricht und damit andere beeinflussen könnte, die uns dann nicht mehr gern haben könnten, so wie wir sind.

Der Mensch trifft lieber Entscheidungen, die ihm sicher erscheinen. Das sind Entscheidungen, die wenig Angriffsfläche bieten, Entscheidungen, die weniger kritisiert werden können.

Der Mensch verzichtet lieber auf die Erfüllung seiner Träume, wenn er dabei sicherstellen kann, dass die Menschen in seinem Umfeld nicht schlecht von ihm reden.

Wie oft höre ich von meinen Hypnosetherapie-Schülerinnen und -Schülern, dass das Umfeld meist neidisch reagiert, wenn sie mit dieser Ausbildung endlich ihren eigenen Weg gehen. Dass dann durchaus Aussagen fallen wie: »Jetzt willst du noch Therapeutin werden?« oder »Hypnosetherapie, soll das wirklich wirksam sein?«

Diese Aussagen können Ausdruck unterschiedlicher Emotionen sein. Meist sind sie der Ausdruck von Mangel. Weil viele Menschen gerne ihre Träume erfüllt hätten, dies aber aus der

Angst heraus, andere könnten schlecht von ihnen reden, nicht getan haben. Setzt dann ein anderer seinen Traum in die Wirklichkeit um, werden sie wieder daran erinnert, ihre Chance nicht genutzt zu haben. So entsteht in ihnen ein Gefühl des Mangels. Meist ist es für sie dann einfacher, jemanden davon abzuhalten, den eigenen Traum zu leben. Hört die Person, die ihren Traum lebt, damit auf, ihrer Leidenschaft zu folgen, so ist auch bei den neidischen Menschen das Gefühl des Mangels nicht mehr vorhanden.

Wenn wir aber einfach mal lernen würden, den Mut aufzubringen und zu uns selbst zu stehen, dann würden wir tatsächlich das Leben leben, das wir uns wünschen. Oder zumindest versuchen, das Leben zu leben, das wir uns wünschen. Der Gedanke, es nie versucht zu haben, ist für die meisten unerträglicher als der Gedanke, es versucht, aber nicht geschafft zu haben.

Das Gefühl, all die Chancen, die sich gezeigt haben, verpasst zu haben, ist ein Gefühl, das viele Menschen nicht nur in ein Mangeldenken versetzt, sondern auch in ein Mangelhandeln. Auf einmal werden diese Menschen im Alter auffällig penibel, wollen sich weniger denn je vorschreiben lassen, denn ein Teil ihres Gehirns sagt ihnen: »Du hast dich von anderen von deinem Glück abhalten lassen.« Sie geben dann im Alter anderen die Schuld dafür, ihre Chancen nicht genutzt zu haben.

- Damit du immer im Reinen mit deinen Entscheidungen bleibst, solltest du den Mut in dir finden und diesen Mut aufleben lassen, auch die Entscheidungen zu treffen, die auch einmal wagemutig erscheinen können, sich aber genau richtig anfühlen.

Übung
Den Mut in dir finden, den eigenen Weg zu gehen

- Schließe deine Augen.
- Erinnere dich an eine Situation aus deiner Vergangenheit, in der du mutig warst und damit andere völlig verblüfft hast.
- Verankere diesen schönen Moment in deinem Unterbewusstsein, indem du dich immer wieder an diesen Mut erinnerst.
- Öffne wieder deine Augen.
- Denke immer dann an diesen Mut, wenn du unsicher bist, wie du dich entscheiden sollst.

Lebe dein Leben und nicht das Leben, das andere von dir erwarten.

Nur du allein kannst dein Leben leben. Es ist dein Leben und nicht das Leben einer anderen Person.

Und wer von dir ein anderes Leben erwartet, ist sich deiner Werte, deiner Einstellungen und deiner Wünsche nicht bewusst. Und wer dich liebt und akzeptiert, so wie du bist, akzeptiert auch, dass du deinen ganz eigenen Weg gehst.

Lebst du, oder erfüllst du Erwartungen?

169

Schlusswort

In diesem Buch habe ich dir meine tiefsten Erkenntnisse mitgegeben, die mir die Erfahrung aus Tausenden von therapeutischen Sitzungen, mehr als 1500 ausgebildeten Schülerinnen und Schülern, etlichen Seminaren und Vorträgen, Fachaustausch-Gesprächen, Untersuchungen und auch das gewisse Etwas – meine Auffassungsgabe – geschenkt haben.

Als Kind eroberte ich als Panflöten-Solist die Herzen der Zuhörerinnen und Zuhörer. Ich verlegte meine eigene Panflöten-CD, als ich 15 war. Die beruhigenden Klänge waren für mich schon immer entspannend. Heute weiß ich, dass dies wohl auch deshalb so ist, weil mir meine Mutter diese Klänge vorgespielt hat, als ich im Mutterleib saß. Vielleicht saß ich deshalb im Schneidersitz im Mutterleib. Das Ultraschallbild erweckte den Eindruck, als würde ich meditieren.

Dass wir über die Ruhe im Geist den Zugang zum Unterbewusstsein herstellen, war mir schon immer irgendwie klar. Egal, ob über beruhigende Panflötenklänge, über Worte oder über geistige Entspannung. So soll auch dieses Buch eine Möglichkeit sein, in deine innere Ruhe zu finden: Dafür nutzte ich neue Erkenntnisse, die du so vielleicht noch nie hattest. Ich biete dir in diesem Buch Erklärungen, die dir ermöglichen sollen, dem Unterbewusstsein über das Bewusstsein gewisse Ängste zu nehmen. Du hast in diesem Buch bestimmt viele neue Aspekte, Theorien und Perspektiven erfahren, die zwar einleuchten, die uns so aber noch niemand vermittelt hat. Diese beruhigenden Schlussfolgerungen sollen dir helfen, die Angst in dir zu mildern, dass andere schlecht von dir denken oder reden könnten.

Ich beschäftige mich nicht nur täglich mit dem Unterbewusstsein, den geistigen Prozessen und den Auswegen aus seelischen Konflikten, sondern ich lebe meine Berufung. Wer mich beruflich und privat kennt, weiß, dass ich, egal wann, egal wo, immer in meinem Element bin.

Ich bin Gabriel Palacios. Und ich wünsche mir, dass meine Energie bei dir angekommen ist und in deinem Geist und in deiner Seele etwas sehr Positives bewirkt.

Bitte bedenke: Dieses Buch kannst du immer wieder lesen. Denn jedes Mal, wenn du es wieder lesen wirst, wirst du darin etwas entdecken, was du vielleicht schon beim letzten Durcharbeiten gelesen hast, aber nicht in seiner hundertprozentigen Vollwertigkeit aufnehmen konntest. Es kann auch hilfreich sein, wenn du das Buch kapitelweise wieder liest, beispielsweise jeden Tag ein Kapitel.

Verinnerliche dir meine Aspekte. Je öfter du das tust, desto wirksamer ist dieses Buch für dich.

Die meisten Menschen lesen das Buch in einem Zug durch, oder sie meinen, dass sie ein solches Buch so schnell wie möglich lesen müssten. Doch weil dies kein Roman, sondern ein Sachbuch mit neuen Perspektiven ist, solltest du das Buch wie eine Pralinenschachtel behandeln. Wenn du jeden Tag eine Praline isst, hast du von der ganzen Pralinenschachtel mehr, als wenn du alle auf einmal isst.

Gewisse Aspekte werden erst bei dir ankommen, wenn du das Buch zum zweiten oder dritten Mal durchliest. Das ist ganz normal.

Lass das Buch wirken.

Neben der Tatsache, dass das Buch auf dich wirkt, wirkt es auch auf die Menschen, die dich beim Lesen beobachten und den Buchtitel lesen. Wer sieht, dass du ein Buch mit dem Titel »Lass sie doch reden!« liest, realisiert, dass er bei dir nicht erwarten darf, dass du dir alles gefallen lässt, dass du dich um die Meinung anderer scherst oder dass du alles dafür tust, dass andere nur Gutes von dir sagen.

Lass sie doch reden.

Kontakt

Mein Institut hat den Sitz in der schönen Schweizer Hauptstadt Bern.

Wir bieten Ausbildungen zur Hypnosetherapeutin/zum Hypnosecoach wie auch zur Gesprächstherapeutin/zum Gesprächscoach nach meiner Methode Invaluation® an.

Auch im Fernstudium gibt es diese beiden Zertifikats-Ausbildungslehrgänge. So ist beispielsweise das Fernstudium anerkannt und von überall her absolvierbar. Die Prüfung ist sehr hochwertig.

Meine Schule ist anspruchsvoll, doch sie ist nicht nur eine Ausbildungsstätte, sondern auch eine Lebensschule.

Manchmal können wir regelrecht beobachten, wie Schülerinnen und Schüler sich weiterentwickeln.

Auch Therapiesitzungen sind an unserem Institut – wie auch per Videotelefonie – möglich.

Ich beschäftige ein rund zehnköpfiges Team, das sich sehr motiviert aller Fragen annimmt. Wenn du also Fragen an mich oder meine Crew hast, so findest du hier die Kontaktangaben:

Palacios Relations GmbH
Rosenweg 25 B
CH – 3007 Bern

Telefon: +41 (0) 31 371 54 02
E-Mail: info@palacios-relations.ch
Website: www.palacios.info
(alle Kurse sind auf der Website einsehbar)

Bleib in deinem Selbstwert-Bewusstsein, in deinem wahren Selbst, in deinem Mut.
Von Herzen wünsche ich dir nun das Allerbeste!

Gabriel Palacios